TRAVAIL ET SALAIRES

PAR

H. FAWCETT

MEMBRE DU PARLEMENT BRITANNIQUE, POSTMASTER GENERAL,
PROFESSEUR A L'UNIVERSITÉ DE CAMBRIDGE, MEMBRE CORRESPONDANT
DE L'INSTITUT DE FRANCE

TRADUIT ET PRÉCÉDÉ D'UNE PRÉFACE

PAR

ARTHUR RAFFALOVICH

PARIS

LIBRAIRIE GUILLAUMIN ET Cⁱᵉ

Éditeurs du *Journal des Économistes*, de la *Collection des principaux Économistes*,
du *Dictionnaire de l'Économie politique*, du *Dictionnaire du Commerce
et de la Navigation*, etc.

RUE RICHELIEU, 14

TRAVAIL ET SALAIRES

A LA MÊME LIBRAIRIE

ARTHUR RAFFALOVICH. Les finances de la Russie depuis la dernière guerre d'Orient, 1876-1883. In-8.

ARTHUR RAFFALOVICH. La misère à Londres. — La question du logement du pauvre et la législation anglaise. In-8.

SAINT-DENIS. — IMP. CH. LAMBERT, 17, RUE DE PARIS.

TRAVAIL ET SALAIRES

PAR

H. FAWCETT

MEMBRE DU PARLEMENT BRITANNIQUE, POSTMASTER GENERAL,
PROFESSEUR A L'UNIVERSITE DE CAMBRIDGE, MEMBRE CORRESPONDANT
DE L'INSTITUT DE FRANCE

TRADUIT ET PRÉCÉDÉ D'UNE PRÉFACE

PAR

ARTHUR RAFFALOVICH

PARIS

LIBRAIRIE GUILLAUMIN ET Cᵗᵉ

Editeurs du *Journal des Économistes*, de la *Collection des principaux Économistes*,
du *Dictionnaire de l'Économie politique*, du *Dictionnaire du Commerce
et de la Navigation*, etc.

RUE RICHELIEU, 14

—

1885

PRÉFACE

« To provide for us in our necessities
« is not in the power of Government.
« Edmund Burke. »

I

Le *Cobden Club* a distribué cette année à ses membres une brochure qui renferme cinq chapitres du manuel d'économie politique de M. Fawcett, membre du Parlement anglais, Postmaster general et professeur à l'Université de Cambridge. La brochure est intitulée Travail et Salaires (*Labour and Wages*). Lorsque la sixième édition du *Manuel d'économie politique* de M. Fawcett fut mise en vente, on lui conseilla de divers côtés de détacher de l'ouvrage les chapitres dans lesquels il traitait les questions affectant les classes ouvrières et industrielles, pour les réunir en un petit volume à bon marché. M. Fawcett et ses éditeurs, Messrs Macmillan et C°, ont suivi cet excellent conseil. La brochure a eu un grand succès non seulement en Angleterre, mais encore en Europe, notamment en Italie où l'on s'occupe de la traduire. Nous avons cru opportun de la faire connaître au public français, parce qu'elle nous paraît offrir un contre-poison excellent contre les sophismes du socialisme.

Les sujets exposés dans *Labour and Wages* sont au nombre de cinq : — I. Remèdes à des salaires peu élevés. — II. Trade Unions, grèves, association au bénéfice. — III. Coopération. — IV. Socialisme d'État et nationalisation de la terre. — V. La loi des pauvres et son influence sur le paupérisme.

Ce sont, comme on le voit, les éléments de ce qu'on désigne ordinairement sous le nom de question sociale.

M. Fawcett est un esprit sage, pondéré, ennemi de l'exagération. Sa doctrine est le reflet du bon sens et de la raison en même temps qu'elle est inspirée par un ardent amour du prochain. M. Fawcett, d'ailleurs, est un philantrope pratique : il exerce, comme on sait, les fonctions de *postmaster general*, et il profite de cette position pour introduire des réformes de nature à développer le goût de l'économie dans le peuple.

M. Fawcett appartient à l'école économique qui croit à la *perfectibilité* de la nature humaine, qui envisage l'avenir avec confiance et qui est convaincue que, loin d'augmenter, le paupérisme et la misère iront en diminuant, à la condition de faire intervenir des facteurs comme l'instruction, comme le goût de l'épargne, la sobriété, — l'association du travail et du capital, sous forme coopérative ou d'admission au bénéfice.

Dans la lutte que la société soutient contre les éléments de désordre et d'anarchie, les économistes combattent pour elle à l'avant-garde. Ce sont eux qui opposent le bon sens pratique aux revendications absurdes des socialistes de la rue. L'école française, représentée par **M. de Molinari, M. Paul Leroy-Beaulieu, M. Léon Say, M. Courcelle Seneuil, M. Frédéric Passy**, rend chaque jour des services qu'on ne saurait évaluer trop haut. Les économistes ne sont pas des gens au cœur sec ; au contraire, la véritable philanthropie intelligente est pratiquée par eux. La charité la plus exaltée peut leur demander des leçons et des règles de conduite. Ils croient au progrès continu, mais en même temps, ils ne se font pas d'illusions sur les dangers qui entravent la marche régulière et majestueuse de l'humanité. Ils sont les défenseurs des idées libérales, n'admettant point qu'au nom d'intérêts particuliers, on vienne empiéter sur les droits de l'individu. Ils résistent énergiquement à la propagation de ces idées de pseudo-liberté qu'entretiennent les radicaux et les démocrates à outrance.

Les protestations de la science et de la philosophie contre l'esclavage dont les démagogues veulent gratifier leurs concitoyens, éclatent de toute part. La forteresse sociale est battue en brèche par les anarchistes de toute nuance, qui prétendent imposer une désorganisation ou une réorganisation nouvelle. Il ne s'agit plus d'affranchir l'individu ; il faut imposer une forme spéciale aux relations des hommes entre eux. Qu'importe si le code de liberté va devenir un long catalogue de restrictions tyranniques.

Il convient donc de réduire à leur juste valeur les déclamations et les revendications des démagogues. Le désordre dans certains esprits est arrivé à un degré dangereux, et quelques douches d'eau froide sont absolument nécessaires.

Jadis on combattait au nom de la liberté individuelle contre la coercition, contre l'intervention de l'État. Aujourd'hui le libéralisme est devenu autre chose. Les radicaux qui s'en disent les représentants les plus autorisés, ont adopté une politique qui voudrait dicter les actions des citoyens, restreindre la sphère dans laquelle ils sont libres de se mouvoir. Plus on avance sur cette route, plus on est privé de droits qu'on exerçait jadis. On cherche à défendre cette évolution, en disant qu'il faut faire une distinction entre le pouvoir irresponsable d'autrefois et le pouvoir responsable d'aujourd'hui. Cette distinction ne fait absolument rien. Le pouvoir illimité de la représentation populaire est absolu ment fictif. La liberté dont un citoyen est pourvu, ne se mesure pas à la nature du gouvernement sous lequel il vit, représentatif ou autre, mais à la quantité des restrictions ; peu importe que l'individu prenne part ou non, à la confection des lois, c'est par le résultat qu'il faut juger. L'étiquette n'indique pas toujours ce qu'il y a dans le flacon.

Les radicaux du continent se figurent que l'intention justifie tout, et que du moment qu'ils veulent le bonheur de l'humanité, tout leur est permis, même de supprimer ceux qui sont d'un avis différent. Ils ont toujours à la bouche l'accusation que leurs adversaires sont animés par des intérêts égoïstes de classe ou de caste.

Il y a encore une observation à faire, c'est que beaucoup de politiciens, absorbés par l'objet du moment, ne songent jamais aux conséquences. Pitt, pour nous servir d'un exemple cité par M. Herbert Spencer, avait imaginé des primes pour la fécondité ; afin d'avoir des soldats, il a encouragé la démoralisation ; par amour du lucre, on épousait des filles perdues qui avaient beaucoup de bâtards. Les législateurs qui, en 1833 votaient 20,000 livres par an pour les écoles, ne se doutaient pas que cette mesure amènerait un jour l'État à une contribution obligatoire de six millions de livres sterling. De même le système de payer les maîtres suivant le résultat obtenu par leurs élèves dans les examens a engendré des abus funestes, la routine, un travail qui surmène les jeunes intelligences. Le politicien de profession ne se doute pas que l'ensemble des mesures, tendant dans une même direction, arrivent à imposer à l'État social une physionomie particulière.

Les préjugés dont l'économie politique a été long-temps l'objet, diminuent chaque jour. L'importance des questions économiques et sociales ne cesse de grandir. La nécessité de les étudier s'impose tou-jours davantage. La science économique, telle qu'on la comprend et qu'on la pratique aujourd'hui, n'est ni sèche ni égoïste. Elle étudie et compare les faits, cherche à dégager des rapports qui lui permettent d'établir des lois générales, — elle s'appuie sur l'his-toire, et par l'étude du passé, jointe à l'observation du présent, elle éclaire l'avenir. On n'est plus au temps où l'économiste posait des axiomes et bâtis-sait un système tout d'une pièce. On abandonne ce procédé commode aux théoriciens du socialisme. La méthode économique est devenue plus scientifique. On ne peut plus accuser les économistes de tout ra-mener à un seul mobile humain, l'intérêt, l'utilité, — leur horizon est autrement vaste à présent.

L'économie politique est conforme à la théorie de l'évolution ; elle voit la plus grande somme de bonheur dans le libre exercice et dans le libre déve-loppement des facultés physiques et morales. Elle

tend à préciser les lois qui assurent ces conditions.
C'est pour cela qu'elle est opposée aux socialistes,
aux collectivistes qui veulent créer un ordre de
choses où l'individualité, où la personnalité seront
sacrifiées.

Avec le progrès des idées démocratiques, avec le
dogme admis dans la plupart des pays, du gouvernement du peuple par ses délégués, il est absolument
nécessaire de faire l'éducation économique des
masses, aussi bien des ouvriers que des patrons, des
électeurs que des députés. L'Angleterre, où les trans-
formations politiques se font lentement, au moins en
apparence, où la nation est habituée au respect de
la loi, à la patience, l'Angleterre est dans une situation plus favorable que d'autres pays.

En attendant qu'on arrive à un état d'harmonie
et de conciliation, la transformation industrielle a
avivé l'antagonisme des intérêts, au lieu de le calmer
et de l'adoucir. De fausses idées dominent encore :
sur le continent l'ouvrier est excité à considérer le
patron, le capitaliste comme son adversaire, comme
quelqu'un qui l'exploite. Il oublie ou il ignore que le
capital a droit à une rémunération légitime, car
sans lui l'ouvrier ne pourrait guère travailler, — chacun doit être payé de sa peine, le travailleur comme
le patron, le capitaliste comme le fabricant.

Dans ces circonstances, il faut considérer comme
les bien venus, les livres dans lesquels les théories

économiques sont exposées avec clarté, avec conviction et avec brièveté. L'économiste est éminemment conservateur, tout en étant un libéral convaincu. Il a horreur des révolutions violentes. Il cherche à déterminer les conditions qui assurent à l'humanité, le plus grand degré de prospérité intellectuelle et matérielle — il indique les réformes nécessaires, mais les moyens qu'il préconise sont des moyens éminemment pacifiques. Il s'efforce de convaincre la masse ignorante et facile aux entraînements, qu'il n'y a pas de panacée aux maux de la société, qu'il n'y pas de formule possédant une vertu magique. Ceux qui soutiennent le contraire, trompent leurs auditeurs ou leurs lecteurs. Même les moyens les plus propres à améliorer la condition des classes travailleuses, tels que l'instruction, l'association, la coopération, n'ont isolément qu'une valeur, qu'une efficacité restreintes. Appliqués simultanément, ils sont susceptibles d'exercer une action bienfaisante sur le sort de l'ouvrier, mais encore faut-il que celui-ci y mette du sien et qu'il ne compte pas exclusivement sur le secours d'autrui, avant tout qu'il ne considère pas l'État comme une providence matérielle.

Nos lecteurs connaissent certainement les faits qui ont démontré le progrès immense réalisé dans la situation générale des classes laborieuses en Angleterre depuis cinquante ans: hausse des salaires, diminution dans le coût de la nourriture et du vêtement. M. Giffen a renouvelé pour la Grande-Bretagne la démonstration que M. Leroy-Beaulieu avait faite dans son livre sur la répartition des richesses. La partie de la nation qui vit de son travail, est bien mieux en mesure de traverser les périodes de crise et de dépression commerciales ou industrielles qu'elle ne l'était dans le passé. Afin d'améliorer davantage encore sa condition matérielle, l'ouvrier doit compter avant tout sur lui-même ; c'est par des habitudes d'ordre, en buvant et en fumant moins, en s'instruisant davantage, en profitant des facilités de placer ses plus petites économies, qu'il arrivera à une aisance relative et qu'il pourra voir venir sans crainte la vieillesse et la maladie.

L'État le protège contre les accidents, contre l'exercice de professions dangereuses, par une série de lois que les inspecteurs de fabrique obligent à exécuter ; l'État le met en état de s'instruire par les écoles publiques gratuites ou à peu près ; il empêche d'exploiter prématurément les forces de l'enfance.

Quant à demander à la société d'intervenir pour régler le taux des salaires, pour les empêcher de tomber au-dessous d'un certain point, quant à revenir aux errements les plus funestes du moyen âge, la science économique est assez avancée et assez bien comprise pour que de pareilles tentatives soient condamnées par tous les esprits sérieux. L'intervention de l'État aurait pour conséquence immédiate d'amener un accroissement de population, semblable à celui qu'entraine une application trop libérale des secours à l'indigent. L'ouvrier assuré d'avoir son salaire pour vivre, ne serait plus arrêté par aucune restriction à se marier, à créer une famille nombreuse. Les charges de l'État augmenteraient à l'infini. Il faut laisser libre cours aux phénomènes économiques : l'offre et la demande détermineront le taux du salaire, — l'émigration est un palliatif contre un excès de population, et d'ailleurs un État a toujours le nombre d'habitants qu'il peut nourrir. Une population abondante est une force politique et matérielle, mais il faut se garder des mesures qui peuvent artificiellement l'augmenter, en augmentant du même coup le nombre des indigents sans ressources.

L'État ne peut trouver de l'occupation pour ceux qui sont sans travail, à moins qu'il n'ait le moyen de mettre une limite à l'accroissement de la population : autrement il sera débordé. Les idées d'épargne, de modération dans l'exercice des fonctions naturelles, recevraient un coup terrible. Comment pourvoir d'antre part aux frais considérables qu'entraînerait l'organisation d'ateliers publics, l'institution de travaux gouvernementaux ? à l'aide d'un emprunt ou à à l'aide de taxes nouvelles, et si on a recours à l'emprunt, il faudra des impôts pour les intérêts et l'amortissement de la dette. Un utopiste allemand propose, il est vrai, d'émettre du papier-monnaie ayant cours forcé.

A titre d'expédient temporaire, après une disette, une inondation ou d'autres calamités, l'État peut venir en aide aux habitants d'un district particulièrement éprouvé. Il peut par exception y entreprendre quelque grand travail d'utilité publique et offrir de l'emploi aux ouvriers, — mais dans des conditions particulièrement restreintes. Il doit payer soit en nature, par des distributions d'aliments, soit en argent, — mais s'il paie en argent, ce doit être un salaire minimum, tout juste assez pour empêcher de mourir de faim.

Dans les travaux de la commission anglaise chargée de l'étude des famines dans l'Inde, on trouvera des sujets intéressants de réflexion et les éléments d'une théorie sur cette question [1].

[1] Voir *Report of the Indian famine commission*. Part. I *Famine Relief*, 1880.

On ne saurait comparer avec l'Europe l'Inde souffrant en quelque sorte d'un excès de population, depuis que le régime anglais a supprimé les invasions et les massacres périodiques, et dont le fonds de la population est excessivement pauvre, à peine séparée du « starvation limit. » Cependant quelques-uns des principes posés par les commissaires sont d'un intérêt général et méritent de ne pas rester ensevelis dans un *blue book*.

Une des causes principales, qui rendent les famines si désastreuses dans l'Inde, c'est que la grande masse des habitants dépend de l'*agriculture*, qu'il n'y a pas d'autre industrie qui entretienne une partie considérable de la population L'absence des pluies prive la classe ouvrière non seulement de la possibilité de se procurer de la

M. de Bismarck a proclamé dernièrement (séance
du Reichstag, 9 mai 1884) le droit au travail, et il a
rappelé que ce droit était inscrit dans la législation

nourriture à un prix en rapport avec leurs salaires, mais même de
la possibilité de trouver le travail nécessaire pour gagner un salaire
quelconque. Le remède complet serait dans le développement d'autres
industries que l'agriculture et qui seraient indépendantes de la fluc-
tuation des saisons.

La population est excessivement dense ; les famines n'en entravent
l'augmentation que dans une mesure restreinte, et cela parce que
l'indigène, à cause de la douceur du climat, suffit avec bien peu de
chose aux deux besoins les plus pressants, nourriture et chaleur.
Cette facilité même de l'existence explique pourquoi les progrès matériels sont si lents dans l'Inde.

Les circonstances sous l'empire desquelles il devient légitime et
indispensable d'appliquer les ressources de l'État à l'assistance de la
misère ou de la souffrance, varient suivant les pays. Voici d'après la
Commission, les conditions générales qui gouvernent l'obligation :
1° la calamité doit être telle qu'il est hors du pouvoir d'un individu
d'obtenir le secours nécessaire ou le remède efficace autrement
qu'avec l'aide de l'État ; 2° l'intervention de l'État doit, selon toute
probabilité, produire un résultat pratiquement bienfaisant. Il est évident que dans l'Inde une famine est une calamité exceptionnelle par
sa nature et résultant de causes soustraites au contrôle des hommes,
elle prive une population tout entière de ses provisions alimentaires,
et arrête l'ouvrage des classes ouvrières : ce sont là des malheurs
qui dépassent les moyens individuels. C'est alors le devoir impérieux
de l'État de donner toute l'assistance pratique et d'y consacrer ses
ressources. Dans l'Inde, le gouvernement occupe en face de la population agricole en quelque sorte la position du propriétaire.

L'État ne doit pas seulement empêcher les habitants de mourir de
faim, après une récolte manquée, — il doit par des travaux d'irri-
gation, par des canaux, empêcher le retour de semblables calamités,
dans la mesure du possible, et en même temps diriger ses efforts afin
d'améliorer la condition hygiénique, la salubrité générale. Au nombre

prussienne. Les socialistes ont essayé d'interpréter cette assertion dans un sens favorable à leurs revendications. Le chancelier allemand a simplement

des règles primordiales, il faut placer la suivante : *necessity of administering famine relief so as not to check thrift and self reliance or impair the structure of society*, c'est-à-dire nécessité d'organiser l'administration des secours de façon à ne pas porter atteinte à l'esprit d'économie et de *self reliance*, et à ne pas compromettre la solidité de l'ordre social établi. Il est de la plus haute gravité pour le gouvernement, même dans les cas exceptionnels, d'arranger ses mesures de telle sorte qu'il évite tout ce qui tend à relâcher chez les habitants le sentiment de l'obligation pesant sur eux de pourvoir à leur propre entretien par leur propre travail, de cultiver des habitudes d'économie et de prévoyance, et de mettre le surplus des années d'abondance en réserve pour les temps de disette. Le grand objet de sauver l'existence et de protéger contre des souffrances excessives, peut être atteint tout aussi bien, — en réalité beaucoup mieux, si l'on a soin de prévenir l'abus et la démoralisation qui sont la conséquence d'une distribution excessive ou mal dirigée de secours charitables. Faite sans discernement, celle-ci relâche les liens sociaux, qui en temps ordinaire, permettent à l'humanité de résister aux secousses.

La Commission anglaise s'est inspirée de Turgot. Celui-ci a proclamé le principe que l'aumône la meilleure et la plus utile est celle qui fournit les moyens de gagner le secours par le travail. Aussi a-t-elle recommandé d'introduire un « *labour test* », une tâche en rapport avec les forces de l'ouvrier, en échange d'un salaire suffisant à l'entretenir, en échange du strict nécessaire et rien de plus. Il importe en même temps de distribuer les secours de façon à ne pas affaiblir les liens locaux, à ne pas dissoudre les communautés villageoises. On ne saurait non plus modifier le caractère de l'assistance, la rendre nationale au lieu de locale, sans s'exposer à de graves inconvénients. Avant tout, il ne faut pas intervenir dans les opérations du commerce, à moins de circonstances absolument exceptionnelles; il faut surveiller les approvisionnements, mais non point s'en charger, — il faut écarter tout ce qui entrave les libres mouvements du commerce.

voulu dire que les indigents, dénués de toutes ressources, avaient droit à des secours de l'État, à condition de fournir du travail en échange. L'ouvrier qui appelle l'État à son aide, descend du rang de travailleur indépendant à celui de pauvre. C'est là une distinction importante. En Allemagne quiconque reçoit les secours de l'assistance publique perd les droits électoraux. Cette incapacité s'attache a l'indigent assisté pendant l'année qui précède l'élection.

Revenons à M. Fawcett. Comme remède à des salaires insuffisants, il recommande l'instruction. Plus l'ouvrier est instruit, plus il est capable d'un travail efficace. S'il sait lire, il a des ressources intellectuelles à sa disposition, qui le dispenseront d'aller au cabaret ; il sera plus accessible à un genre de récréations d'un ordre supérieur. L'influence de l'éducation, soit primaire, soit technique et professionnelle sur le gain de l'ouvrier est directe. D'autre part, c'est un facteur de première grandeur dans le développement économique d'un pays. Tous les États civilisés sont engagés dans une grande lutte pacifique en vue de la conquête du marché universel. L'État qui possédera les ouvriers les plus intelligents, les plus laborieux, les mieux instruits, l'emportera en fin de compte sur tous les autres. Il ne faut pas se laisser battre sur le terrain de la concurrence industrielle par le maître d'école professionnelle et technique. C'est là une question de vie et de mort aujourd'hui. Nous avons sous les yeux les rapports des commissaires anglais qui ont étudié le développement de l'industrie européenne et américaine depuis 1878, et qui ont examiné les divers modes d'enseignement technique en vigueur dans les différentes contrées. Leur jugement est absolument d'accord avec les idées que je viens d'exposer. Quelques années bien employées par la Prusse, — à créer des écoles des arts et métiers, de tissage, etc., — ont transformé la force de production et amélioré le goût.

Une considération que M. Fawcett aurait pu faire valoir en faveur de l'instruction, c'est qu'elle doit à la longue amener l'ouvrier à reconnaître qu'il a tort de s'entêter dans l'exercice d'un métier, qui est soit en décadence soit trop encombré. L'ouvrier rendu plus intelligent et dont l'esprit est plus ouvert, cherchera une autre occupation; il saura se retourner vers d'autres emplois. C'est le cas en Amérique. En Allemagne, au contraire, l'esprit de routine, fruit des corporations du moyen âge, règne encore, et un boucher, un boulanger renoncera difficilement à son métier; il préférera parcourir l'Allemagne en mendiant.

Un des problèmes les plus importants de l'heure présente, c'est sans contredit l'enseignement professionnel. L'instruction qui se borne à la lecture, à l'écriture et au calcul, est absolument insuffisante à répondre aux besoins de la nation. Il est inutile d'insister là-dessus. Si l'État entreprend de fournir aux jeunes générations les moyens d'apprendre l'alphabet, il faudrait en même temps qu'il se chargeât de leur éducation pratique, qu'il mît à leur portée — autant que possible — l'apprentissage d'un métier, le maniement des outils. La grandeur de l'Allemagne, par exemple, repose en bonne partie sur l'école. L'exemple de ce qu'il serait avantageux de faire a été donné par de petits États, comme le Wurtemberg.

Le Wurtemberg est par l'étendue de son territoire, 19,500 kilomètres carrés, le troisième État de l'Allemagne et le quatrième par sa population, 1,971,000 habitants. Il n'a pas comme pays de grande industrie, l'importance de la Saxe, — cependant il occupe une place distinguée dans la production nationale. Il ne possède pas les ressources minérales d'autres régions de l'Allemagne ; il n'a pas de grands bassins houillers pour alimenter son industrie. L'agriculture a été longtemps la principale source de richesse, — aujourd'hui encore la vigne et le houblon sont cultivés avec succès. Jusque vers le milieu du siècle, la forme prise par l'industrie était celle de la fabrication domestique, le petit atelier avec deux ou trois ouvriers et quelques apprentis. L'établissement de grandes fabriques est de date récente, — cependant les résultats obtenus sont satisfaisants. Le Wurtemberg suffit en partie à la consommation indigène, et de plus, il est en mesure d'exporter à l'étranger.

Le gouvernement royal a toujours observé une attitude des plus sages à l'égard de l'industrie nationale. Les souverains du Wurtemberg ont cherché à favoriser le développement de la prospérité matérielle du royaume, et à leur éloge il faut dire que leur politique a été fort éclairée. Diminuer les entraves qui gênent le libre essor de l'industrie, instruire les fabricants et les ouvriers a été l'objet de leurs efforts. Au xviie siècle, l'instruction a été rendue obligatoire : tous les enfants de 6 à 14 ans ont dû fréquenter l'école. Sans croire que l'alphabet soit la panacée universelle, il est certain qu'un peuple allant depuis des générations à l'école, a dû acquérir des aptitudes spéciales et avoir l'intelligence dégrossie. En 1848, le Wurtemberg a été doté d'un conseil central du commerce et de l'industrie, qui avait pour mission d'étudier les moyens de venir en aide à ces deux branches de la fortune publique. Parmi les fonctionnaires du conseil central, il y avait un ingénieur des mines, M. de Steinbeiss, dont l'influence a été des plus bienfaisantes. M. de Steinbeiss a vu dès le premier jour que la voie la plus courte, c'était la fondation d'un enseignement professionnel des plus étendus. Il a couvert le pays d'un réseau d'écoles de toute espèce. En 1870, il y avait plus de 10,000 enfants et adultes fréquentant les écoles professionnelles; en 1882, plus de 13,000. L'enseignement du dessin a été considéré comme indispensable au succès, et on l'a poussé avec ardeur.

L'une des attributions du conseil central du commerce et de l'industrie, telles que les avait fixées le décret organique, devait être de mettre à la disposition du public, les plus récentes découvertes industrielles de l'étranger, les améliorations introduites dans la fabrication, la connaissance des procédés nouveaux. En 1850, on organisa un Musée, destiné à recevoir les modèles de machines, des dessins, des étoffes. L'idée première de cette collection a été donnée par le Conservatoire des arts et métiers qui existe à Paris. Seulement celui-ci a une haute portée scientifique, tandis qu'en Wurtemberg l'objet pratique a dominé de tout temps. On a acheté à l'étranger les meilleures machines, — on les a exposées d'abord, puis avec la plus grande libéralité, on les a prêtées aux fabricants. Le musée industriel de Stuttgart est une institution qui a rendu les plus incontestables services. Ce n'est pas un cabinet de curiosité et de raretés, — on ne saurait y faire une étude de l'histoire de l'industrie, mais on y trouve la collection complète des outils perfectionnés employés dans les diverses branches. Elle est indispensable pour instruire la petite industrie et la mettre en mesure de soutenir la concurrence [1].

[1] On m'a montré avec fierté à Stuttgart une collection unique, qui n'a pas sa pareille ailleurs, pas même à Paris; c'est une collec-

On me pardonnera cette excursion dans le Wurtemberg. J'ai été vivement frappé des progrès accomplis par ce pays, progrès qu'il doit à l'instruction, l'éducation appliquées sous diverses formes et à divers degrés.

Si grands que soient les progrès accomplis dans le domaine de l'industrie et des arts industriels, on recueille malgré cela des plaintes dans la bouche des grands fabricants comme des petits patrons. L'une des plus fréquentes peut se résumer ainsi : « Nous « avons trop d'officiers, trop peu de sous-officiers, « — l'état-major est trop abondant. » Il y a un excès de production en individus qui croiraient au-dessous de leur dignité de servir comme sous-officiers dans l'armée de l'industrie, en qualité de chefs d'atelier ou de contre-maîtres et qui de plus n'ont pas les connaissances pratiques nécessaires à cet effet ; ces individus veulent commander, diriger, et pour cela leur éducation technique n'est pas assez solide, pas assez profonde. Ce sont des demi-valeurs dont on est encombré. Ces fruits secs de la culture moderne se retrouvent dans tous les pays, et partout ils constituent un véritable péril. C'est dans leurs rangs que

tion des principaux échantillons des tissus mis en vente à Paris depuis vingt-cinq ou trente ans. Chaque année on a réuni 500 à 600 échantillons de drap, de toile, de velours, en prenant les dessins à la mode. A la fin de l'année on relie tout cela en un gros volume et le musée de Stuttgart possède de la sorte des documents introuvables pour l'histoire de l'industrie textile.

se raccole l'armée du crime social, de l'anarchie. De plus dans bien des branches d'industrie, on manque d'ouvriers capables, ayant reçu une éducation manuelle suffisante autant que d'apprentis désireux de s'instruire et possédant les aptitudes nécessaires. Le degré inférieur de l'instruction technique, celui qui répond à l'école primaire a pour objet de former les apprentis, de les élever au rang d'ouvriers et jusqu'à celui de contre-maître. Le grand mode d'enseignement est la pratique. Si l'habileté professionnelle, dans bien des cas a diminué, si les nouvelles génération sont accusées d'être inférieures comme qualité, cela tient à la façon dont on élève les apprentis. La division du travail qui a suivi la fabrication mécanique — le peu de goût qu'éprouvent les grands industriels et les ouvriers de se charger de l'éducation d'apprentis, voilà deux causes de cette décadence. Plus la division du travail est favorable à la production, plus elle est funeste à l'apprentissage. L'artisan est remplacé par le simple journalier qui travaille par routine. Afin de diminuer les inconvénients qui s'attachent à cette évolution de l'industrie, il faut établir des écoles où l'enfant, au sortir de l'école primaire, puisse recevoir les notions pratiques indispensables pour faire de lui un bon ouvrier. Un peu de théorie n'est pas déplacée; elle trouve sa place dans les écoles du dimanche ou du soir, où l'on apprend le dessin et quelques notions scientifiques élémentaires. Le bien que font ces écoles dépend du personnel enseignant, fort difficile à recruter. L'objet le plus important à enseigner, c'est sans contredit le dessin.

L'instruction pratique de l'adolescent se donne le plus aisément dans l'atelier d'un patron qui s'intéresse à lui et prend à cœur de l'élever, ou sous la surveillance d'un ouvrier plus âgé qui veut bien s'en charger. Les relations du temps jadis, qui transformaient l'atelier en une sorte de famille, étaient plus favorables que l'organisation actuelle. Cependant aujourd'hui même dans les plus grands établissements industriels, on peut si l'on veut, fournir aux jeunes ouvriers les moyens de faire leur apprentissage. Avec la division du travail, qui condamne l'ouvrier toujours à la même besogne, l'enseignement théorique ne suffit pas. Il faut qu'à côté de l'école se trouve un atelier. Seulement une condition absolue de réussite, c'est que les objets fabriqués dans ces ateliers soient confectionnés en vue de la vente ou de l'usage.

Quelques Sociétés anonymes et quelques fabricants ont installé des ateliers d'enseignement, où l'apprenti doit passer deux ans (en Allemagne, Kuhn à Berg, près Stuttgart, Société « Vulcan » à Stettin, — la plupart des ateliers de construction des chemins de fer de l'État en Prusse et des compagnies particulières en Russie).

b.

En France, on connaît La Martinière, école des sciences et des arts industriels à Lyon, où dans des cours du soir et du jour on apprend à manier l'outil. La Martinière est fort bien organisée, les Lyonnais en sont fiers à bon droit. On retrouve la même tendance en Belgique, en Hollande, en Autriche, en Allemagne. En Suède, il existe depuis 1866 près de cinq cents écoles où les enfants apprennent en dehors des matières scolaires ordinaires, à travailler le bois, le carton.

II

Tout un chapitre de « Travail et Salaires » est consacré à la question des Trade Unions. Il a été beaucoup écrit sur ce sujet, depuis le livre du Comte de
Paris jusqu'à l'étude toute récente que M. Trent vient
de publier à Londres, sous le titre de *Trade Unions,
their origin and objects, influence and efficacy* (Kegan
Paul et Cᵉ, 1884)[1]. Au moment où la législation française vient de proclamer la liberté des associations
professionnelles, on ne lira pas sans intérêt ce que
M. Fawcett dit sur le mouvement anglais. Avec
la prudence et le bon sens qui le caractérisent, le
Postmaster general voit dans l'association des ouvriers un des moyens qu'ils ont à leur disposition
pour améliorer leur condition. Il faut observer que

[1] On ne peut toucher au sujet des trade unions, sans renvoyer
aux études si complètes de M. Brentano, le sympathique professeur
de l'Université de Strasbourg.

c'est une arme à double tranchant qui peut faire un mal extrême.

Il y a des avocats passionnés des Trade Unions, qui leur attribuent tout le progrès moral et matériel, constaté dans le sort des classes laborieuses en Angleterre. Suivant eux sans les unions ouvrières, la hausse des salaires n'aurait pas été aussi considérable. Prenant les chiffres cités par M. Giffen, **M. Trent** soutient que 60 0/0 de la hausse des salaires est due à l'action des Trade Unions, à leur organisation puissante [1]. Nous sommes d'avis qu'on ne saurait fixer mathématiquement la part qui leur revient. Il ne faut pas oublier que 800,000 ouvriers seulement, sur plusieurs millions, font partie des Trade Unions. C'est un chiffre considérable, si l'on songe aux difficultés qui ont pendant si longtemps entravé l'association des travailleurs, — c'est surtout un chiffre respectable en comparaison de la France [2]. Les unions anglaises ont rendu d'incontestables services aux ouvriers comme

[1] Calculant que le revenu total du peuple est d'environ 1,200 millions aujourd'hui et que les salaires des ouvriers sont aujourd'hui, par tête, deux fois plus considérables qu'autrefois, si l'on compare 1843 et 1883, voici les chiffres :

	Income en 1843. Millions *l.*	Income en 1883. Millions *l.*	Augmentation. Millions *l.*	Pour 100.
Capitalist classes pour capital. . .	190	400	210	110
Working income in income-tax returns.	90	180	90	100
Income not in income-tax returns.	235	620	385	160
Total.	515	1,200	685	130

[2] Le rapport de l'enquête présidée par M Spuller est instructif à cet égard.

aux patrons; redoutées au début, elles ont, par leur sagesse et leur modération, fini par se faire accepter dans bien des industries. Elles ont permis aux ouvriers d'occuper une position moins dépendante vis-à-vis des patrons; elles ont exercé une influence bienfaisante sous plus d'un rapport. Mais leurs défenseurs ont tort de concentrer toute leur attention sur la question des salaires, sur la puissance des unions sur le marché du travail et de négliger un côté pratique, de faire fi de l'organisation en sociétés de secours mutuels, en caisses de retraite. Ils prétendent que ce n'est qu'un objet secondaire; la plupart des unions auraient d'ailleurs organisé leurs caisses de secours sur une base peu solide, sans tenir compte des exigences d'une assurance bien comprise. La relation entre les cotisations et les obligations, entre l'actif et le passif, laisserait beaucoup à désirer. Nous le regrettons vivement, — car à nos yeux, l'argument le plus puissant à faire valoir, c'est justement que les Trade Unions fournissent aux ouvriers le moyen de pratiquer volontairement la prévoyance et l'assurance.

Le grand service que les Trade Unions ne cessent de rendre aux ouvriers en Angleterre, c'est qu'elles font en quelque sorte leur éducation, — elles leur apprennent pratiquement à connaitre leurs droits et leurs devoirs, elles font disparaitre bien des erreurs, concernant le salaire.

b.

Pourquoi les Trade Unions ont-elles pris un si grand développement en Angleterre ? Parce qu'elles sont un produit naturel, le résultat d'efforts individuels, contrariés longtemps par la législation. Celle-ci n'a rien fait pour les favoriser. Loin de là, elle les a entravées par toutes sortes de dispositions plus rigoureuses les unes que les autres. Les Trade Unions doivent à cela une vigueur particulière. Le parlement a été obligé de tenir compte d'institutions existantes répondant à des besoins réels et ayant fait leurs preuves. Il n'a pas cherché à faire de la culture artificielle. C'est là un élément important de succès.

Lorsque les délégués anglais sont venus à Paris en 1883 assister à une conférence avec les ouvriers français, italiens et espagnols, ils ont été frappés de la différence profonde qui existait entre leurs idées et celles de leurs collègues continentaux. Ils ont fait une enquête sur les Trade Unions existant à Paris, et ils ont été surpris du maigre résultat de leurs investigations. Les associations ouvrières de Paris ne sauraient se comparer suivant eux, ni en stabilité ni en discipline avec ce qui se passe de l'autre côté du détroit. La grande difficulté serait d'obtenir le paiement d'une cotisation dépassant 25 centimes par semaine. Même cette somme n'est payée que par un nombre relativement restreint d'ouvriers. Les délégués des maçons parisiens ont raconté aux délégués anglais que, sur plusieurs milliers d'ouvriers acceptint les principes de l'association, soixante seulement acquittaient régulièrement leurs contributions. Ce fait et d'autres encore que MM. Bailay, Burnett et Broadhurst ont constaté, leur ont paru indiquer qu'on fixait la force numérique d'une association ouvrière à Paris par le nombre de ceux qui en approuvaient les principes, et non par le chiffre de ceux qui contribuaient pécuniairement au fonds de la société, Ils ont protesté énergiquement contre ce qui leur a paru un relâchement des conditions d'existence d'une Trade Union; ils ont insisté sur l'organisation qui prévaut en Angleterre et ils encouragé leurs collègues français à rendre leurs associations plus solides. Remarquons en passant que les délégués anglais n'ont pas été enchantés de la situation de l'ouvrier français. Ils l'ont trouvée inférieure à celle de l'ouvrier anglais. D'accord sur un grand nombre de points avec les Parisiens, ils ont différé sur la question de l'intervention de l'État : l'ouvrier français demande le secours de l'État pour des choses qu'il peut faire lui-même. C'est là une différence essentielle, qui dénote la supériorité de l'éducation politique et sociale de l'ouvrier anglais, et qui assure la solidité de l'ordre établi.

En terminant le compte rendu de leur mission, les réprésentants des Trade Unions attirent l'attention sur l'antagonisme entre l'ouvrier et le bourgeois, dont les discours des orateurs français étaient remplis, et sur le manque de cohésion, d'intimité entre les ouvriers eux-mêmes. Habitués à des congrès sérieux, où l'on discute les questions pratiques, ils ont emporté de leur visite à Paris l'impression de séances pleines de déclamations stériles.

Après des tâtonnements inévitables, les principales Trade Unions anglaises sont arrivées à trouver une organisation à peu près parfaite, et phénomène d'un heureux augure, plus elles se sont développées, plus elles sont devenues pacifiques et conciliantes. Le comité directeur est loin d'exciter les sociétaires à la grève, — loin de là, il cherche bien plutôt à amener une entente entre les patrons et les ouvriers. L'expérience leur a appris qu'une grève impose des sacrifices à eux-mêmes autant qu'aux patrons, qu'il ne faut pas s'y engager à la légère. Il y a dix ans, on était beaucoup plus téméraire qu'aujourd'hui. Souvent lorsqu'on demande aux sociétaires leur avis sur l'éventualité d'une grève, la très grande majorité vote contre.

Les Trade Unions couvrent l'Angleterre d'un véritable réseau, — elles sont tenues au courant des fluctuations du marché, les secrétaires enregistrent les renseignements, ils savent dans quelles localités il y a surabondance de travail et dans quelles localités la main-d'œuvre fait défaut. Ils s'efforcent d'égaliser la chose, en opérant une migration du travail d'un endroit à l'autre.

L'une des unions les plus puissantes est *l'Amalgamated Society of Engineers.* En 1883, elle comptait 424 branches, la plupart dans les villes du Royaume-Uni, mais dont quelques-unes ont leur siège au Canada, aux États-Unis, en Australie, dans l'Inde. Le nombre des membres est de 50,418. Une branche doit comprendre sept sociétaires au moins et 300 au plus. Les fonctionnaires sont élus et leurs services rémunérés, — le secrétaire-général reçoit 100 francs par semaine. L'autorité centrale est exercée par un conseil général composé de 37 membres, — les affaires courantes sont expédiées par les onze membres du conseil local, qui siège à Londres. La cotisation des membres s'élève à un shelling par semaine. Si un sociétaire est en retard, il perd le bénéfice afférent à sa qualité, à moins qu'il soit sans ouvrage ou dans la misère. — En 1883, les *Amalgamated Engineers* avaient un fonds s'élevant à 178,125 livres (près de 4 1/2 millions de francs), soit 3.10 £ par tête. La société existe depuis 33 ans. Le revenu annuel est d'environ 124,000 £ (3,100,000 francs), — en 1882, ils ont dépensé pour grève seulement 895 £ (22,375 francs). Le chapitre des grèves joue un rôle de moins en moins important. On peut dire que 99 0/0 des dépenses annuelles des unions sont consacrés à des objets de bienfaisance et de prévoyance.

Les Trade Unions ont fait énormément en Angleterre pour l'ouvrier anglais. Comme je l'ai dit plus haut, leur influence est aujourd'hui pacifique plutôt que militante. Grâce à elles, les relations des patrons et des ouvriers sont devenues plus franches, plus dignes. Elles rendent possible l'institution de bureaux de conciliation et d'arbitrage, que la France a connus bien avant l'Angleterre et que la législation a réglementés depuis longtemps. Elles propagent en Angleterre des notions économiques plus saines; l'ouvrier peut se rendre compte que le capital n'est pas son ennemi, que sans le capital, le travail est le plus souvent stérile. La grande difficulté, c'est de faire comprendre à l'ouvrier qu'il y a une limite à ses exigences, — que lorsque le capital n'est pas suffisamment rémunéré, il se retire et abandonne l'industrie. Dans les temps de dépression, de crise, lorsque les prix baissent, la lutte des ouvriers contre une réduction des salaires est souvent déraisonnable; loin de nuire au patron, elle lui vient parfois en aide, en lui permettant de fermer la fabrique.

Si les trade unions ont réussi en Angleterre, — et il ne faut pas oublier qu'elles sont loin d'avoir enrôlé tous les ouvriers, — il ne faut pas conclure qu'elles peuvent prendre pied du jour au lendemain dans d'autres pays. Il y a des différences de mœurs, de tempérament, dont on ne triomphera pas en un jour. Transportées sur le continent, cultivées artificiellement, elles peuvent y devenir dangereuses, parce que l'ouvrier continental est bien plus sensible aux sophismes du socialisme anarchique, et l'on peut craindre que celui-ci ne veuille en faire un

instrument pour ses sinistres dessins. L'ouvrier continental a son éducation à faire. Il nous paraît que
ceux qui voient dans les trade unions la solution de
l'assurance ouvrière universelle, vont un peu vite en
besogne. C'est une panacée idéale, une formule, et
M. Fawcett est le premier à déclarer qu'il n'y a pas
de remède unique. On peut améliorer la situation de
l'ouvrier par l'emploi simultané, par l'application
de plusieurs moyens : coopération, association, instruction nationale, — on ne peut guérir les misères
sociales, ni supprimer l'inégalité des conditions, on
peut élever le standard of life des classes laborieuses,
seulement si elles veulent y travailler de leur côté.

En tout cas les trade unions ne sont justifiées
que si elles respectent les règles générales de la justice et de la liberté, si elles n'empiètent sur les droits
de personne.

Au début, elles sont retombées dans toutes les
erreurs du moyen âge, elles ont voulu restreindre le
nombre des ouvriers et des apprentis, créer des privilèges pour leurs membres. Ce sont là des revendications inadmissibles, — qu'aucune législation éclairée ne saurait tolérer.

Elles sont en mesure de contribuer beaucoup à
rendre le travail de l'ouvrier plus efficace et à améliorer le salaire; — un bon ouvrier est toujours
recherché et commande un prix supérieur. La question de l'apprentissage est une des plus brûlantes de

l'industrie moderne; le recrutement d'ouvriers capables, connaissant leur métier, est de plus en plus difficile. En Allemagne, par exemple, on se plaint que le nombre en devienne moins considérable chaque année. L'inflation industrielle extraordinaire de 1870 à 1874, la construction d'innombrables usines et fabriques, ont amené une demande extraordinaire de travailleurs. Bons ou mauvais, ceux-ci ont trouvé de l'emploi et de gros salaires.

Quelques trade unions en Angleterre ont demandé à l'État d'instituer des examens officiels pour les apprentis, auxquels on délivrerait des diplômes de capacité. Le gouvernement s'y est refusé. Elles ont alors inauguré elles-mêmes ce système. Il n'y a rien à objecter. Les ouvriers, possesseurs d'un semblable diplôme, s'il est sérieusement donné, seront sûrs de se placer avantageusement. Il ne faut seulement pas que cela serve de prétexte pour créer un esprit de caste et d'exclusivisme, qui n'est plus de notre temps.

Les trade unions anglaises sont un produit naturel, vigoureux et sain. Veut-on constater l'impuissance d'une organisation artificielle? On n'a qu'à jeter les yeux sur ce qui se passe en Allemagne. On a voulu galvaniser les corporations de métiers, qui étaient tombées en désuétude, afin de sauver la classe des artisans. L'un des phénomènes les plus curieux du temps où nous vivons, c'est la tendance de restreindre la liberté de tous au profit d'une classe plus ou moins nombreuse, de recourir à des mesures démodées et artificielles afin de détourner le courant naturel des choses. Socialistes d'une part, féodaux de l'autre, se rencontrent sur un terrain commun ; ils croient les uns et les autres à l'omnipotence de l'État, à son omniscience. La différence commence, dès qu'il s'agit de définir l'État. Ils ont sur ce point des idées qui n'harmonisent pas. On est frappé, lorsqu'on suit le mouvement économique et social en Allemagne, de cette superstition politique qui compte avec le secours de paragraphes de loi et des règlements de police, améliorer le sort des individus et arrêter la décadence des artisans. Le parti réactionnaire veut par politique se rendre populaire ; il attribue à la concurrence, des maux et des inconvénients qui ont une toute autre origine. L'artisan, dans son petit atelier, où il travaille avec un ou deux compagnons, quelques apprentis, et qui se fait aider par sa femme et ses enfants, végète aujourd'hui, à moins qu'il ne travaille à la campagne, dans une petite ville ou qu'il ne fasse des articles de luxe. Certains métiers indispensables peuvent résister — la grande industrie ne saurait s'en emparer, — mais il en est d'autres où la concurrence de la fabrique est irrésistible.

L'idéal pour un certain nombre de personnes, imbues de préjugés, c'est l'organisation du moyen âge avec les corps de métier, la maîtrise, le chef-d'œuvre et tout un attirail hors d'usage. L'exercice des métiers a été déclaré libre en 1869 par la législation, alors que, dans les mœurs et officieusement cette liberté existait depuis longtemps. Dès lors, la décadence de l'artisan aurait fait d'énormes progrès. Faut-il rappeler à ces admirateurs du passé qu'en 1850 ils gémissaient tout aussi lamentablement, ils constataient les mêmes faits que ceux dont ils se plaignent aujourd'hui; seulement ils étaient privilégiés par une législation abolie depuis, et qu'ils ont fait rétablir dans une certaine mesure. Leurs efforts seront aussi stériles aujourd'hui qu'ils l'ont été autrefois. Si l'artisan disparaît de plus en plus, c'est un effet du développement de l'industrie, de la division croissante du travail. L'essor soudain, violent, qui a suivi la guerre de 1870, a bouleversé l'organisation économique de l'Allemagne, on a créé partout des fabriques, des usines, qui ont arraché à l'atelier ou aux champs des milliers d'ouvriers [1].

Les réactionnaires ont voulu rejeter la faute sur une législation libérale, et poursuivant l'idée politique de grouper autour d'eux les artisans, ils ont salué avec enthousiasme le rétablissement facultatif

[1] Certains conservateurs allemands rêvent une organisation de la société dans laquelle chacun serait enfermé dans une classe spéciale, dans laquelle chacun ferait partie d'une corporation. Il y aura la classe ouvrière tout au bas, puis les artisans, au haut, l'aristocratie. Chaque classe confierait ses intérêts à la classe immédiatement au-dessus d'elle.

de corporations, qu'ils espèrent rendre obligatoires et étendre à tous ceux qui exercent le même métier. Jusqu'ici le mouvement ne semble pas se développer beaucoup, malgré l'attitude bienveillante des autorités. Le nombre des corporations nouvelles n'est pas considérable pas plus que celui des membres. Par surprise, les « Zünftler » ont enlevé un vote au Parlement, autorisant les autorités locales à interdire — dans certaines localités et sous certaines conditions, — aux patrons non membres, le droit d'avoir des apprentis. C'est un moyen de forcer à l'enrôlement, — mais il ne sera pas adopté en dernière instance. Toute cette agitation est factice ; elle est le contraire des trade unions de l'Angleterre, qui sont débarrassées de leurs velléités tyranniques. Les corporations du moyen âge ont fait leur temps. Au lieu de cela, les prétendus amis de l'artisan devraient chercher à lui venir en aide par l'éducation, en lui fournissant des machines-outils, en lui apprenant à profiter des découvertes modernes, en cherchant un petit moteur, qui répondît à ses besoins et qui fût moins cher que la vapeur ou l'électricité. Un des problèmes les plus intéressants, c'est bien l'avenir de l'industrie familiale, de l'industrie domestique. On ne le résoudra pas par des restrictions, ni en accusant les doctrines économiques.

III

Le socialisme d'État est envisagé sous ses divers
aspects par M. Fawcett. M. Léon Say a analysé avec
sa lucidité habituelle et sa grande autorité les doctrines des hommes d'État anglais et allemands dans
ses remarquables conférences du Cercle Saint-Si-
mon, et je n'ai qu'à renvoyer au volume publié par
l'éditeur Calmann Lévy, ceux de mes lecteurs désireux d'approfondir la question. Il ne faut pas se
laisser effrayer par des formules et des étiquettes, il
faut aller jusqu'au cœur même des choses. L'organisation de la société moderne implique un rôle consi-
dérale pour l'État ; on lui abandonne non seulement
des fonctions de police, on le charge de missions
multiples, on lui confie des services publics, auxquels il est plus apte que l'individu isolé ou réuni
en association. C'est une question d'opportunité et

de mesure, une question pratique que de décider
dans quelles limites l'État doit être renfermé. Un
Standard excellent, c'est de lui interdire toute intervention de nature à restreindre les effets bienfaisants
du self-help, de l'initiative privée. L'État administre,
construit plus cher que les particuliers; ses ingé-
nieurs, ses administrateurs sont entraînés facilement
à ne pas ménager les crédits ouverts. Ils ont conscience d'avoir derrière eux des ressources inépui-
sables en quelque sorte, ils ne redoutent pas les
pertes d'intérêt dont se préoccupera un capitaliste
particulier. Celui-ci cherche à faire des économies,
tandis que l'État ou du moins les gouvernants sont
guidés par des considérations politiques, par des intérêts électoraux, par le désir d'augmenter leur
popularité.

Nous n'avons pas à insister : l'auteur de « Travail
et salaires » fait admirablement ressortir les dangers
et les inconvénients qui résultent de l'intervention de
l'État, lorsque celui-ci prétend se substituer à l'individu, lorsqu'il veut par exemple fournir des logements à meilleur marché. Nous ne saurions trop
recommander la lecture du chapitre sur la nationalisation de la terre et le socialisme d'État. Les arguments contre l'assurance obligatoire sont exposés
avec une rare puissance. D'autre part il faut tenir
compte de la situation de M. de Bismarck. En cherchant à améliorer la condition de l'ouvrier, tandis

qu'il réprimait les menées socialistes, il a obéi à une loi morale, il a rendu hommage à la corrélation du droit et du devoir. Il a senti la nécessité de défendre l'ordre social contre les menées anarchistes, en même temps que l'obligation de venir en aide aux prolétaires. La reine Élisabeth a agi sous la pression de circonstances analogues, lorsqu'elle a introduit la loi des pauvres. Ce sont des considérations politiques, qui ont été la cause déterminante. La misère était intense, les lois de pure répression avaient échoué par leur sévérité même. On eut recours à un expédient entaché de socialisme, au poor law, qui admettait le droit de l'indigent à l'assistance sous de certaines conditions. M. Fawcett le reconnaît lui-même d'ailleurs. Il n'est pas sage, suivant lui, de condamner un projet parce qu'il est empreint de socialisme. La loi des pauvres est fondée sur le socialisme, mais son abolition provoquerait des maux plus grands que ceux produits par une loi des pauvres bien administrée. Socialiste dans son caractère, elle offre des garanties contre les extrêmes du socialisme révolutionnaire. M. Fawcett cite comme un fait très significatif qu'à l'occasion d'un voyage fait à Londres par Mlle Louise Michel en 1883, celle-ci n'a emporté de rien une impression plus favorable que du système anglais de *Poor Law*. Après avoir visité le *workhouse* de Lambeth, elle déclara que, si l'indigent en France possédait de semblables institutions lui donnant une protection légale contre la destitution même, beaucoup des griefs les plus sérieux dont elle réclamait le soulagement disparaîtraient.

C'est là un point de vue qu'il ne faut pas négliger, lorsqu'on examine les projets de M. de Bismarck. On ne peut que l'approuver d'avoir voulu affranchir le prolétaire de certains impôts directs, dans la rentrée desquels l'État était obligé de se montrer impitoyable, — pour un arriéré de 60 centimes, l'huissier saisissait le mobilier de l'ouvrier et portait le trouble dans le foyer du pauvre.

L'objet des lois sur l'assurance obligatoire, c'est de diminuer les fardeaux grandissants, que l'assistance publique impose aux communes, surtout aux communes de peu d'importance. L'économie politique peut condamner le mode d'action, elle peut affirmer qu'en rendant l'épargne obligatoire en vue des mauvais jours, on affaiblit le ressort individuel, — mais il est permis à l'homme d'État de se placer sur un terrain un peu différent.

M. de Bismarck a demandé aux socialistes de lui indiquer des moyens pratiques, positifs, d'une exécution possible, pour combattre les maux existants. Ces apôtres de la négation n'ont jamais pu lui donner de réponse, pas plus qu'ils ne peuvent répliquer aux arguments de l'économie politique. M. Leroy-Beaulieu, dans son enquête sur les doctrines collectivistes, en a fait voir le néant irrémédiable.

L'homme d'État allemand a donc dû marcher de l'avant. Jusqu'ici il a pu mettre à exécution deux de ses projets, en les modifiant, l'assurance contre la maladie et l'assurance contre les accidents. C'étaient les parties les plus aisées de son programme : l'assurance contre la maladie et contre les accidents est limitée dans le temps ; la prime en est prise sur le salaire de l'ouvrier qui travaille ; elle est modérée, elle ne dépasse pas un certain minimum. L'assurance contre le chômage, la vieillesse, l'incapacité de travailler est bien autrement compliquée : on se heurte à des difficultés presque insurmontables, du moment qu'on veut universaliser la chose, la rendre obligatoire pour tous.

Les Trade Unions en Angleterre, fondées sur la liberté, ont résolu le problème pour leurs membres. Mais elles ne comprennent que l'élite en quelque sorte des ouvriers, et examinée attentivement, la situation de leurs caisses de vieillesse n'est pas aussi solide qu'il faudrait.

Les adversaires politiques du chancelier allemand admettent que l'assurance contre la maladie est un incontestable progrès. La loi exclut de l'obligation 5 millions d'ouvriers agricoles et forestiers, il est vrai, pour lesquels l'assurance obligatoire peut être introduite au gré des communes, — mais elle s'étend sur plus de 4 millions d'ouvriers industriels et d'artisans. Ces quatre millions peuvent compter le cas échéant sur une assistance suffisante, qui *n'a pas le caractère dégradant de l'aumône*. Le secours en cas de maladie a été acheté par des sacrifices personnels de l'ouvrier, — il y a droit. La répartition même de la contribution, deux tiers tombant sur l'ouvrier, est équitable.

L'assurance contre les accidents rencontre moins d'approbation dans le camp des libéraux. Tout d'abord elle s'exerce sur un champ plus restreint encore. Des 4,100,000 ouvriers assurés contre la maladie, 2,600,000 seulement doivent s'assurer obligatoirement contre les accidents. La situation des autres n'est pas altérée, et en cas d'accidents, ils auront à se débattre contre les mêmes difficultés que par le passé. La loi sur la responsabilité en cas d'accident n'est pas modifiée, — l'ouvrier doit fournir la preuve que la faute de l'accident incombe au patron ou à ses employés. D'autre part on peut critiquer le mode d'organisation de l'assurance obligatoire contre les accidents, — afin de dégager le présent, on a sacrifié les principes scientifiques. On a remis à une époque éloignée le paiement des sommes nécessaires ; on favorise les grands industriels, on leur demande seulement ce qui est indispensable chaque année ; on ne crée pas un fonds de réserve.

Quant à l'assurance contre la vieillesse, au moment où nous écrivons, le projet du gouvernement n'est pas encore connu. Il ne servirait à rien de se

faire des illusions sur les difficultés. Afin de garantir
à l'ouvrier âgé de 60 ans, une rente de 300 *M.*
(375 fr.), il faut en moyenne un paiement annuel de
96 *M.* (120 fr.) : en effet un ouvrier de 20 ans doit
payer 28 *M.* 2, s'il est âgé de 30 ans, lorsqu'il s'assure
45 *M.* 8, — de 35 ans, 51.5 *M.*, — de 40 ans, 98.25,
— de 45 ans, 145.5, — de 50 ans, 238.5. D'après des
calculs qui ont été faits, la garantie d'une rente de
300 *M.* sur 2,600,000 ouvriers exigerait un paiement
annuel de 250 millions de *M.*

En admettant une rente de 100 *M.*, la somme nécessaire pour 2,600,000 ouvriers serait encore de
83,000,000 par an, que patrons et ouvriers auraient
à verser par an. Ce sont des chiffres approximatifs,
mais en tout cas il donnent à réfléchir. Il sera intéressant de voir quelle solution le prince de Bismarck
saura proposer.

M. Fawcett a rendu d'inappréciables services aux
classes ouvrières en Angleterre. Il a mis à leur portée des caisses d'épargne, où elles peuvent déposer
leurs économies, — il leur a facilité l'acquisition de
fonds publics ou de rentes viagères. Il a obtenu des
résultats encourageants que l'ouvrier abandonné à
lui-même et aux compagnies particulières était hors
d'état de produire. C'est une intervention gouvernementale, telle qu'elle plaît aux hommes d'État
anglais. L'État livre ses services au prix coûtant en
quelque sorte. Sans lui, le placement des économies

et l'exercice dela prévoyance, sous forme d'assurance sur la vie, de rentes viagères, ne seraient pas répandue. Il suffit pour se rendre compte des difficultés contre lesquelles l'ouvrier doit lutter, d'examiner la situation des Compagnies d'assurances, qui en Angleterre ont une clientèle parmi les petites gens, ouvriers et employés. Le chiffre des affaires augmente, mais les frais sont énormes, tandis que pour les Compagnies ordinaires, le rapport des frais (commission et dépenses) au *premium income* est de 13 0/0, —dans les industrial Companies, la proportion est de 46 0/0 : sur chaque livre sterl., 9 sh. 2 1/2 pence s'en vont en frais. Il est vrai que les dépenses de perception des primes sont plus élevées, — on se rend à domicile, chaque semaine, chez l'assuré. L'acheteur au détail paie plus cher que l'acheteur en gros. Les Compagnies d'assurances sur la vie ont fait moins d'affaires en 1883 qu'en 1881, — Serait-ce l'effet de la concurrence du Post-Office, qui livre l'assurance au prix coûtànt, mais ne va pas chercher l'assuré à domicile ?

La question de l'assurance ouvrière est si nouvelle que l'on nous permettra de revenir sur l'application de la loi sur les assurances ouvrières contre la maladie en Allemagne.

La loi d'empire sur l'assurance des ouvriers contre la maladie, promulguée le 15 juin 1883, devient exécutoire dans toutes ses parties à partir du 1er décem-

bre 1884. Sans revenir sur la question de principe
et nous contentant d'admettre le fait accompli de
l'assurance obligatoire, il nous semble d'un véritable
intérêt d'étudier la manière dont la loi va être appliquée. On sait que ce sont les communes auxquelles
le législateur allemand a confié l'organisation et la
surveillance des nouvelles institutions. On va être
obligé de réunir un grand nombre de données inté-
ressantes, qui nous fourniront des renseignements
précieux sur la situation des classes ouvrières, sur
le nombre des ouvriers faisant partie des sociétés de
fabrique ou des sociétés de secours mutuels qui exis-
taient avant la législation nouvelle, sur les ressources
de ces caisses.

Nous avons sous les yeux le rapport de l'autorité
municipale sur l'organisation de l'assurance des ouvriers à Francfort-sur-Mein. Nous nous servirons de
ce document pour *illustrer* en quelque sorte le mé-
canisme de la loi nouvelle. C'est la façon la plus lo-
gique de la faire comprendre. Une fois, d'ailleurs,
qu'on a saisi l'idée maîtresse, la complication appa-
rente disparaît.

Nous voudrions tout d'abord rappeler que le principe de l'assurance obligatoire contre la maladie
n'est pas une innovation de toutes pièces en Allemagne. Loin de là, il a été inscrit à plusieurs reprises
dans la législation non seulement de la Prusse, mais
encore de la Bavière. Mais l'application en était lais-

sée aux communes, qui avaient la faculté de l'introduire parmi les ouvriers ou de laisser la loi à l'état
de lettre morte. C'était une législation *permissive*, une
sorte de *local option*, comme disent les Anglais, et il
faut constater que les communes ont montré très peu
de zèle, très peu d'initiative. Aujourd'hui, ce qui
était facultatif jadis est devenu obligatoire. De plus,
comme un des motifs qu'on a fait valoir en faveur de
l'assurance contre la maladie a été de diminuer les
charges de l'assistance publique proprement dite, de
combattre le paupérisme, les communes sont inté-
ressées en même temps que contraintes.

On peut laisser de côté l'assurance obligatoire des
mineurs non seulement contre les accidents, mais
contre la maladie. Cette institution existe en Allemagne depuis le moyen âge, en Prusse comme en
Saxe. En 1854, l'assurance obligatoire des ouvriers
travaillant dans les mines a été réglée par une loi,
qui leur a imposé de devenir membres des *knappschaftsvereine*.

En Prusse, en vertu de la *Gewerbeordnung* (loi industrielle) de 1849, les ouvriers d'une localité pouvaient être obligés par la commune de devenir membres des sociétés de secours existantes. De même la
loi de 1854 contenait une disposition analogue; par
un règlement local (*Ortsstatut*), les compagnons, les
ouvriers de fabrique pouvaient être astreints à former des caisses de secours mutuels. Dans l'Allemagne

du Sud, les communes avaient le droit de percevoir des ouvriers une cotisation régulière au profit de la caisse de secours. En Bavière, on allait plus loin : les domestiques, apprentis, ouvriers de fabrique, journaliers travaillant hors du siège de leur domicile légal, ont droit à un secours de maladie pendant 90 jours, secours que doit fournir la commune où ils travaillent. Par contre, les communes ont le droit de percevoir une cotisation hebdomadaire de 9 pfennig, qui en 1875 a été portée à 15 pfennig. Ce secours en cas de maladie est distinct de l'assistance publique ordinaire, réservée aux indigents. La *Gewerbeordnung* de 1869 introduisit une loi uniforme : elle dispensa les patrons de l'obligation de faire partie des caisses de corporation et ne maintint l'obligation de faire partie d'une caisse spéciale que pour ceux des ouvriers qui ne pouvaient prouver qu'ils étaient déjà sociétaires. Au *Zwangskassen* on substitua le *Kassenzwang*; à la caisse obligatoire, l'obligation de participer à une caisse. En 1876, nouvelle législation donnant aux communes le pouvoir d'astreindre les ouvriers âgés de plus de 16 ans à devenir membres des sociétés de secours établies sur l'initiative de la commune. Comme je l'ai dit plus haut, les communes ne mirent pas beaucoup d'ardeur à user de leur droit éventuel. L'initiative privée des ouvriers, stimulée par l'agitation politique, plus tard par l'agitation socialiste, produisit des résultats plus considérables. A

la suite des attentats de 1878 et de la législation ré-
pressive qu'ils provoquèrent, beaucoup de caisses de
secours furent supprimées par l'autorité.

En 1880, il existait en tout, en Allemagne, 4,901
caisses inscrites, avec 839,602 participants, auxquels
il faut ajouter 320,000 participants aux caisses de
mines (*Knappschaftsvereine*), et 200,000 aux caisses
non inscrites, ensemble 1,360,000 personnes assurées
contre la maladie ; 1,200,000 étaient des ouvriers.
La législation facultative n'avait pas porté les fruits
que ses auteurs en avaient espérés. Aujourd'hui,
c'est le régime de l'obligation qui prévaut.

La loi de 1883 distingue, à côté des personnes qui
peuvent profiter volontairement des dispositions concernant l'assurance contre la maladie, deux catégories : 1° les personnes obligées de s'assurer de par la
loi; 2° celles que la commune peut astreindre à
l'assurance.

Dans la première catégorie rentre presque tous les
ouvriers occupés d'une façon permanente dans l'industrie, dans les métiers et dans le commerce, ainsi
que les employés inférieurs, qui, à raison de la modi-
cité de leur salaire, se trouvent dans une situation
analogue à celle des ouvriers proprement dits. A la
seconde catégorie appartiennent principalement les
employés de commerce, les petits patrons et ouvriers qui pratiquent l'industrie à domicile pour le
compte d'un fabricant, les employés des entreprises

de transports, telles que tramways, camionnages,
voitures de place, les ouvriers agricoles et forestiers, et enfin ceux des ouvriers qui, soumis à l'assurance obligatoire s'ils sont employés d'une manière permanente, sont engagés pour moins d'une
semaine.

La loi distingue six espèces différentes de caisses de
secours : 1° les *Caisses locales*, embrassant une ou plusieurs catégories de métiers et pouvant s'étendre à plusieurs communes réunies ; 2° les *Caisses de fabrique* ;
3° celles des travaux et constructions (Caisses temporaires) ; 4° celles des corporations ; 5° celles des mines ;
6° celles des anciennes sociétés de secours mutuels
enregistrées, approuvées ou libres ; 7° et au-dessous
comme expédient pour les communes sans grande
importance, manquant d'initiative, la forme la moins
séduisante, l'assurance communale.

Cette dernière est un pis-aller, et pour la commune
qui doit gérer gratuitement la caisse de l'assurance
communale, et pour l'ouvrier qui reçoit là le minimum légal de secours. L'assurance communale
s'applique à tous ceux qui sont astreints à s'assurer
et qui ne participent pas à une autre caisse de secours.
Le patron n'a pas à contribuer de cotisation pour sa
part à l'assurance communale, tandis qu'il doit le
tiers de la prime aux caisses locales, aux caisses de
fabrique et de construction. L'assurance communale
ne fonctionne pas, en cas de couches régulières, tandis

que les autres caisses doivent des secours pendant 3 ou 6 semaines.

Le type normal de l'assurance, celui qui a les préférences du législateur, c'est la caisse locale *Ortskrankenkasse*), et après elle la caisse de fabrique. Aux anciennes caisses de secours mutuels, le législateur a imposé des conditions d'existence plus défavorables.

La commune a la faculté d'instituer, soit l'assurance communale, soit des caisses locales. Partout où on le pourra, on préférera la second façon de se conformer à la loi. C'est le cas à Francfort. L'assurance communale, sur une grande échelle, sera coûteuse à cause des frais d'administration ; elle aura les allures d'une taxe locale, risquera de devenir odieuse, et de plus les ressources dont elle disposera seront diminuées de toute la cotisation des patrons. Ceux-ci doivent un tiers de la prime payée par les assurés aux caisses locales. Dans les caisses locales, les assurés (ouvriers) ont voix à l'assemblée générale, dans la proportion des deux tiers, et les patrons d'un tiers.

Quant aux caisses de fabrique, il est probable qu'elles seront moins populaires dans beaucoup de localités que les *Ortskrankenkassen*. Le patron, qui doit en établir les statuts, a voix prépondérante dans l'administration, ce qui ne plaira peut-être pas aux ouvriers. D'autre part, il doit se charger de la tenue des livres de la caisse, sous sa propre responsabilité, et en cas de besoin faire les avances nécessaires, si les ressources de la caisse ne suffisent pas aux dépenses courantes. De plus, en entrant dans une société de fabrique, l'ouvrier sort de la société locale, et s'il change de patron, ce qui arrive assez souvent, il doit chaque fois changer de caisse, tandis qu'il peut rester sociétaire de la caisse locale. Les caisses de fabrique prospéreront dans des circonstances spéciales, lorsque l'exploitation sera particulièrement dangereuse.

Pour les caisses locales, le montant de la cotisation est fixé par la loi. Lors de la fondation, les cotisations, en tant qu'elles tombent à la charge des sociétaires, ne peuvent être fixées à plus de 2 p. 100 du salaire quotidien moyen, à moins que cela ne soit nécessaire pour couvrir le minimum des prestations de la caisse. Une élévation ultérieure des cotisations au delà de cette mesure, si elle n'est pas nécessaire pour couvrir le minimum de secours, ne peut porter ces cotisations à plus de 3 p. 100 du salaire quotidien moyen, et seulement dans de certaines conditions, il faut l'approbation des ouvriers et des patrons.

Les communes sont autorisées à établir des caisses locales pour les personnes soumises à l'assurance et occupées dans leur ressort, à condition que le nombre des personnes à assurer s'élève à 100 au moins. Les caisses locales doivent, en règle générale, être instituées pour des personnes occupées dans une même branche d'industrie. L'organisation de caisses locales communes à plusieurs catégories d'industries est permise lorsque le nombre des personnes employées par chacune d'elles est inférieur à 100.

Les caisses locales sont tenues d'accorder au moins en cas de maladie, des secours consistant en soins gratuits du médecin, médicaments, lunettes, bandages, et à partir du troisième jour, une indemnité en argent égale à la moitié du salaire quotidien moyen, en tant qu'il ne dépasse pas 3 M. pendant treize semaines; le même secours aux femmes en couches pendant une durée de trois semaines; en cas de décès, une indemnité mortuaire s'élevant à vingt fois le salaire quotidien moyen de la localité. La fixation du salaire quotidien moyen peut aussi se faire par classes, en tenant compte des différences existant entre les salaires des divers membres de la caisse. Dans ce cas, le salaire quotidien moyen d'une classe ne saurait être fixé à un taux supérieur à 4 M. (5 francs) ou inférieurs au salaire quotidien de la localité. Le salaire quotidien est déterminé par l'autorité supérieure; pour Francfort, il a été évalué à 2.40 M. (3 francs) pour les ouvriers adultes.

Les prestations des caisses locales peuvent être augmentées et étendues comme durée à un an, comme indemnité d'argent jusqu'à concurrence des trois quarts du salaire quotidien moyen; les femmes en

couches, pourront être soignées pendant six semaines ; les membres de la famille de l'assuré pourront recevoir les soins du médecin et les médicaments
gratuits ; l'indemnité mortuaire pourra aller jusqu'à
quarante fois le salaire quotidien, etc. Mais, à aucune
condition les ressources des caisses locales de secours
en cas de maladie ne pourront être employées pour
d'autres secours, notamment à venir en aide aux
invalides, aux veuves, aux orphelins. En place des
secours à domicile, on pourra accorder le traitement
et la pension dans un hospice, 'et si le sociétaire a
une famille, il recevra pour l'entretien de celle-ci la
moitié du secours en argent.

C'est le maire de la commune qui, après avoir entendu les ouvriers, établira les statuts des caisses
locales. Chacune d'elles devra porter un nom spécial.

Nous avons dit qu'à Francfort-sur-Mein, on ne veut
pas de l'assurance communale. Il n'y a pas de mines
ni de mineurs ; il y a deux corporations : celle des
ramoneurs qui compte 23 ouvriers, et celle des bar-
biers-coiffeurs qui en comprend 179.

Combien y a-t-il de personnes soumises à l'assurance obligatoire dans cette ville de 140,000 habitants ? 1,126 employés, 21,821 ouvriers, total 22,947,
dont 4,000 à 5,000 demeurent hors de la commune
municipale. On sait que l'assurance doit avoir lieu au
siège du travail, non au siège du domicile. A ce

nombre, il convient d'ajouter les personnes que la commune peut astreindre à l'assurance, c'est-à-dire : 4,023 employés (personnel d'administration), 7,046 ouvriers, total 11,069. Les deux catégories ensemble représentent 34,016 personnes. Il y a, en outre, 13,391 domestiques, auxquels la loi reconnaît la faculté de se faire assurer (dont 12,920 femmes).

Il existe en ce moment 38 caisses de secours contre la maladie avec 4,943 membres sur 22,947 personnes que la nouvelle loi soumet à l'assurance obligatoire. C'est peu de chose que 5,000 assurés sur 23,000. Quant aux 11,069 personnes de la seconde catégorie, dont 8,989 sont employées dans le commerce, elles possèdent une seule caisse de secours avec 90 sociétaires.

Les caisses existantes comprennent 11 caisses de fabrique avec 1,621 sociétaires, pour lesquels les patrons ont rendu l'assurance obligatoire, en faisant de la participation à la caisse une condition d'engagement. La situation de ces 38 ou 39 caisses de secours n'est pas très favorable, leurs ressources sont restreintes; le nombre de leurs sociétaires est restreint; elles ne sont guère en état de répondre aux exigences nouvelles de la législation. Si elles veulent s'y conformer, elles seront obligées de modifier leur organisation, d'élever les cotisations. Il est probable que la plupart seront désertées de leurs sociétaires, et qu'elles disparaîtront. Les patrons qui doivent un tiers de la cotisation aux caisses locales sont dispensés de toute contribution aux caisses libres.

La ville de Francfort, pour commencer, n'introduira pas l'assurance obligatoire pour toutes les personnes qu'elle a le droit d'y astreindre. Elle débutera par organiser les caisses locales pour les personnes contraintes à l'assurance obligatoire de par la loi, et pour une partie de celles de la seconde catégorie, c'est-à-dire celles qui sont employées aux transports, cochers de fiacre et de tramways, ouvriers agricoles et forestiers, gardes-malades, commissaires, employés des pompes funèbres.

La commune a la mission d'organiser les caisses locales : celles-ci doivent autant que possible être composées de personnes du même métier ou de la même branche d'industrie, à condition que le nombre s'en élève au moins à 100. Autrement, on peut réunir dans une même caisse divers métiers.

Il y a à Francfort-sur-Mein 258 métiers et industries, dont 46 seulement comptent plus de 100 ouvriers et employés. On a donc réuni les gens de professions voisines dans une même caisse. Par exemple la caisse n° 3 comprendra les ouvriers du bois, de l'os et du liège; la caisse n° 12, ceux employés à la fabrication des diverses boissons.

Les personnes astreintes par la loi à l'assurance seront groupées en 19 caisses, dont 5 auront moins de

500 membres chacune et 14 compteront plus de 500 sociétaires.

On a cru prudent, au début, de prescrire que les caisses locales donneront le minimum légal de secours, quitte à élever ce taux si les circonstances le permettent.

On partage les ouvriers en 7 classes différentes de salaires. Ceux de la première classe paient une cotisation hebdomadaire de 72 pf., ceux de la septième, de 18 pf.; les patrons sont tenus de contribuer pour un tiers, et c'est à eux qu'il incombe de payer les cotisations chaque semaine, en retenant sur le salaire de l'ouvrier la part qu'il doit à l'assurance.

Il ne sera pas sans intérêt de poursuivre cette étude lorsqu'on aura les données s'appliquant à des villes de grande industrie, à la capitale de l'empire, ainsi qu'à quelques communes rurales. En tout cas, le fait saillant, c'est que jusqu'ici les caisses de secours mutuels à Francfort n'ont pas pris un grand développement.

IV

A nos yeux, le danger direct, imminent pour
l'ordre social établi, vient du relâchement inattendu
dans les doctrines économiques, qui s'est emparé
des politiciens en France. On peut condamner ou
approuver M. de Bismarck ; on est en tout cas forcé
de reconnaître qu'il agit d'après un plan préconçu.
Le système qu'il veut faire prévaloir ne manque
pas d'unité. Le chancelier allemand est parti en
quelque sorte d'une idée déterminée, l'assurance
ouvrière, — il a été frappé de la triste condition du
prolétaire, qui est incapable de faire provision pour
l'avenir, et afin de diminuer les périls résultant d'un
état de mécontement, d'antagonisme perpétuel, il a
cru résoudre le problème par l'assurance obligatoire
Réussira-t-il ou non dans ses projets de réforme in-
térieure, comme il a triomphé sur le terrain de la po-

litique extérieure? au lieu d'apaiser par ses réformes n'aura-t-il fait qu'exaspérer par ses mesures de répression ? Ses efforts en vue d'améliorer le sort des ouvriers, ne seront-ils pas interprétés par les socialistes comme une preuve que leurs revendications sont fondées ? N'y verront-ils pas autant de concessions? Heureusement pour M. de Bismarck et malheureusement pour les socialistes, la machine gouvernementale est solide en Allemagne, — et-l'État y dispose de moyens puissants pour se défendre. L'avenir le montrera. Il est permis de penser que les difficultés d'exécution, s'il veut remplir de tout point le programme esquissé dans les Messages impériaux, seront ardues, plus ardues qu'on ne se l'est imaginé au début, avant de se mettre à l'œuvre. Mais au moins, il y a dans la politique sociale du prince de Bismarck l'unité de vues, qui est l'apanage des hommes d'État, lorsque ceux-ci sont supérieurs à la moyenne et qu'ils savent ce qu'ils veulent.

Nous ne trouvons pas cette unité de vues, cette conscience de la conduite à tenir, dans d'autres pays, notamment en France, et nous ne pouvons nous empêcher d'en être profondément affligés, profondément inquiets. Les dernières enquêtes parlementaires ont été stériles, en ce sens qu'elles n'ont pas fourni la formule rédemptive, la panacée universelle. Ce résultat était prévu. La lecture des dépositions n'en est pas moins fort instructive : elle montre jusqu'à quel point le désarroi est dans les esprits. M. Hubbert-Valleroux, l'auteur du beau livre sur les Associations coopératives en France et à l'étranger [1], vient de consacrer un article dans le Journal des Économistes du 15 septembre à l'enquête sur les associations ouvrières (1883). Nous nous associons entièrement aux idées exposées par M. Hubbert-Valleroux et à ses jugements. Il relève la déposition suivante des ébénistes de la rue du Chemin-Vert : « La grève de 1881 nous « avait persuadés que pour être affranchis des pa- « trons, il fallait l'association ; nous sommes allés « trouver des *députés et des sénateurs* qui nous ont « encouragés en nous disant que *l'État et la Ville* « *nous viendraient en aide en nous donnant des tra-* « *vaux* [2]. »

Tout le long de l'enquête, on n'a cessé de demander aux ouvriers déposants : Ne pourriez-vous pas travailler pour l'État?

Ce spectacle est bien triste, et la réflexion qu'il arrache à l'auteur cité par nous, bien juste : « Pense- « t-on favoriser ainsi les associations ouvrières? en « leur attribuant des travaux à toute réquisition de « leur part, en leur fixant des conditions exception- « nelles, on les habitue à compter non point sur elles,

---

[1] Chez Guillaumin et C°. Ouvrage couronné par l'Académie des sciences morales et politiques.

[2] Les italiques sont de nous.

« mais sur l'État, et le jour (il viendra nécessairement)
« où ce secours extérieur manquera, elles ne pour-
« ront plus se soutenir. On leur rend ainsi le pire
« service ».

C'est là un commentaire du livre de M. Fawcett, emprunté aux faits. C'est la démonstration au rebours
des théories et des doctrines du Postmaster General
britannique ; M. Fawcett s'est donné une grande peine
pour démolir de fond en comble l'erreur funeste que
l'État doit intervenir afin de fournir des travaux rémunérateurs aux ouvriers, afin de créer des habitations à meilleur marché, etc. Il a prouvé que les
frais de cette libéralité inopportune étaient supportés
par les contribuables, qu'ils empêchaient l'État de faire
des économies, d'opérer des dégrèvements, — bien
plus, qu'ils nécessitent de nouvelles charges, de nouveaux impôts. Ce sont des vérités bien simples, bien
élémentaires, des banalités qui devraient courir les
rues. Les seules personnes à les ignorer semblent
être, en dehors de la masse aveugle, les membres de
la majorité du Conseil municipal de Paris, et malheureusement beaucoup de députés et de sénateurs.

M. Leroy-Beaulieu nous faisait l'honneur, il y a
quelques jours, de nous écrire : « Il se fait dans la société moderne un travail souterrain qui passe inaper-
çu des hommes d'État et des journalistes. Il est
malheureux qu'ils ne se préoccupent que des menus
faits de la politique journalière, tout le reste, c'est-à-

dire les grandes lignes et les grands mouvements, leur échappe. On devrait au contraire être singulièrement frappé de la prise que l'ensemble des doctrines collectivistes a sur les esprits. Ces théories s'infiltrent non seulement dans le cerveau des ouvriers, mais dans celui des législateurs. On a bien tort de croire mort le socialisme ».

Il n'a pas manqué de gens, croyons-nous, qui ont espéré le contraire. Sous un régime démocratique, tolérant la licence de la presse et l'abus du droit de réunion, les soupapes de sûreté fonctionneraient, s'est-on dit ; l'ouvrier n'aurait plus besoin de conspirer. Il pourrait user de ses droits imprescriptibles à l'égal des autres citoyens. Les revendications au nom du prolétariat se feraient au grand jour, on saurait ce que les ouvriers désirent. On pourrait tenir compte de leurs réclamations lorsqu'elles seraient fondées et leur venir en aide. Malheureusement l'éducation politique ne se fait pas en un jour. On a leurré le travailleur de promesses. Non seulement les démagogues de profession, mais encore bien des hommes politiques ont propagé les idées les plus fausses en matière économique. Au lieu de restreindre le rôle de l'État, au lieu de limiter ses fonctions et ses attributions, on s'est laissé aller à en faire le *deus ex machinâ*. L'initiative privée, ce grand et vivifiant ressort de l'humanité, a été reléguée au second plan. « Tout par l'État » c'est la formule funeste qui plaît aujourd'hui.

Des travaux aux associations ouvrières, des consuls
transformés en commis, pour les négociants que la
concurrence étrangère effraie, que sais-je encore! On
oublie seulement que l'État ne peut rien faire par lui-
même, — qu'il lui faut des fonctionnaires pour chaque
nouvelle fonction et que les dépenses augmentent
sans cesse de la sorte, au lieu de diminuer [1].

Sans être pessimiste, on ne peut s'empêcher d'avoir
des préoccupations sérieuses sur l'avenir, tant qu'on
persistera dans une route aussi dangereuse que celle
où l'on est engagé en ce moment en France, au point
de vue économique et social. C'est pour cela que la
lecture de livres sages et modérés comme celui de
M. Fawcett, ne saurait être assez recommandée.

[1] Une fois lancé sur la pente, on s'arrête difficilement. En Angleterre, l'état-major des inspecteurs ne cesse d'augmenter. Voici
une liste publiée par le *Home Office* :

England. — Privy Council Office — Agricultural Department, 27 —
5,420 *l* ; Education Department, 259, — 105,075 *l* ; Education (Scotch) Department, 48 — 29,070 *l* ; Science and Art Department, 4 — 1,865 *l*. ; Home
Office. — Inspectors of Factories, 56 — 21,988 *l*.; Inspectors of Mines, 26 —
15,642 *l*.; Inspectors of Fisherie, 2 — 933 *l*.; Inspectors of Burial Grounds,
1 — 500 *l*.; Inspectors of Reformatories and Industrial Schools, 3 — 1,386 *l*.;
Inspectors of Constabulary, 4 — 3,300 *l*.; Inspectors of Explosives, 3 —
2,400 *l*.; Inspector under the Cruelty to Animals Act, 1 — 210 *l*.; Inspectors
of Anatomy, 3 — 1,060 *l*; Inspector under the Habitual Drunkards Act, 1 ;
Inspector of Rivers Pollution (Scotland), 1 — 50 *l*.; Board of Trade. — Rail-
ways Department, 4 — 4,400 '. Marine Department, 124 — 41,980 *l*.; Commercial Department, 3 — 365 *l*.; Inland Revenue, 53 — 28,310 *l*.; Local
Government Board, 56 — 30,080 *l*.; General Register Office, 2 — 1,180 *l*.;
Charity Commission, 3 — 2,400 *l*.; total, 684 — 297,634 *l*. Scotland. —
Fishery Board, 3 — 1,165 *l*.: General Board of Commissioners in Lunacy, 4
— 3,200 *l*.; Board of Supervision, 3 — 1,400 *l*.; total, 10 — 5,765 *l*. —
Total, 694 inspectors, and 303,399 l. salaries.

V

Nous allions terminer cette préface, lorsque le congrès des sciences sociales s'est réuni à Birmingham. Le président, M. Shaw Lefevre, un des hommes importants du parti libéral et l'un des hauts fonctionnaires de l'administration Gladstone, a prononcé le discours d'ouverture. Il a pris pour sujet le socialisme d'État, et à notre vif regret, nous ne pouvons sympathiser avec lui. C'est avec un sentiment de satisfaction visible que M. Shaw Lefevre a fait constater les effets bienfaisants d'une législation éclairée. Il attribue à celle-ci les progrès effectués dans la condition matérielle et morale des diverses classes de la société, la diminution dans la mortalité, le caractère plus bénin des épidémies. N'est-il pas étrange de voir des penseurs et des hommes d'État concentrer l'attention exclusivement sur un côté? ils assi-

gnent à un facteur spécial une part prépondérante et ils négligent les autres forces qui ont pu être en jeu. M. Shaw Lefevre n'agit pas autrement que les avocats passionnés du trade unionisme : ceux-ci expliquent l'amélioration par l'action des trade unions, lui en fait remonter l'origine à une intervention du Parlement. Les événements, à l'entendre, ont donné tort à la vieille école de Ricardo, de Stuart Mill, de J.-B. Say, de Bastiat. Ces économistes ont eu sous les yeux des expériences avortées, ils ont assisté au spectacle de l'État essayant de réglementer le commerce et l'industrie, ils ont conclu à la nécessité de restreindre au minimum les fonctions gouvernementales. « L'école nouvelle, dit M. Shaw Lefèvre, en Angle-
« terre et principalement sur le continent a aban-
« donné cette attitude; elle a adopté des doctrines
« plus larges. La liberté de l'échange, la liberté de
« travail, la liberté de contrat sont des principes im-
« portants qu'il faut conserver, — toutefois l'État a
« le devoir d'intervenir lorsque les intérêts indivi-
« duels amènent la dégradation et l'oppression des
« classes inférieures; il est justifié de se charger
« des travaux et des fonctions qu'il peut accomplir
« mieux que l'effort individuel. M. Herbert Spencer
« est resté pour ainsi dire seul à tenir haut l'étendard
« de l'individualisme contre l'action de l'État. »

Nous ne discuterons pas point par point le discours prononcé à Glasgow. Il nous suffit presque d'avoir

signalé la tendance qui s'y fait jour. La différence
n'est pas grande entre les économistes de cette école
anglaise et les partisans déterminés de l'intervention
de l'État, tels que nous les connaissons en Allemagne, dans le camp des socialistes et dans celui
des conservateurs aristocratiques ou du centre. C'est
une question de nuance.

M. Shaw Lefèvre a été guidé par une idée maîtresse; il a voulu faire la démonstration suivante :
on a prétendu que la démocratie était incapable de
construire, d'édifier, on a dit qu'elle n'était bonne
qu'à détruire; c'est faux, la démocratie a prouvé
qu'elle possédait non pas seulement des qualités né-
gatives, mais encore des qualités positives. Elle a
commencé par limiter les pouvoirs et les devoirs de
l'État, par affranchir l'individu de l'influence et du
contrôle de l'État, par déblayer le terrain des derniers vestiges d'organisations qu'on considérait jadis
comme utiles et nécessaires. C'est là une des direc-
tions dans laquelle la démocratie s'est mue jusqu'ici.
Mais elle a marché d'un autre côté, elle a agrandi la
sphère d'action de l'État, elle a multiplié les occasions où celui-ci intervient dans nos arrangements
sociaux, elle a accru ses fonctions et augmenté le
nombre des cas dans lesquels la loi prescrit aux individus la conduite à tenir. Ce sont là deux tendances
contradictoires : la seconde domine aujourd'hui.
Elle a pris le dessus depuis 1867 en Angleterre.

« On s'est attendu, dit M. Shaw Lefèvre, que la démocratie serait jalouse du pouvoir exécutif et qu'elle voudrait réduire ses fonctions. C'est le contraire qui s'est produit. » La démocratie n'a pas craint d'exalter l'autorité de l'État. Loin d'être effrayée par l'*officialisme* (fonctionnarisme), elle a eu confiance en lui et l'a étendu. Elle a enseigné à la plupart des grands intérêts qu'ils sont subordonnés au bien général. Land owners, chemins de fers, propriétaires de cabarets, de mines, de bateaux, de fabrique, ont successivement été pris en main et ont dû comprendre que l'État était suprème. On a augmenté les fonctions du gouvernement sur une vaste échelle. On a multiplié le nombre des agents pour les exercer. On a inventé une foule de délits nouveaux. On a développé un système d'inspecteurs chargés de reporter aux ministres ce qu'ils avaient contaté. On a réduit le domaine du contrat privé.

L'histoire des quinze dernières années contredit, suivant M. Shaw Lefèvre, ceux qui prétendent qu'en agrandissant la sphère d'action de l'État, on a porté atteinte à l'initiative individuelle, aux habitudes de self reliance et de self help. C'est une question à débattre. L'avenir décidera si les effets ultérieurs seront aussi favorables qu'on se les figure aujourd'hui. Comme nous l'avons dit nous-mêmes plus haut, il faut se placer sur le terrain pratique des faits et décider chaque cas particulier d'après les circonstances mêmes. C'est là la mission de l'homme d'État, mais nous ne pouvons nous empêcher d'être inquiets de cette invasion de la démocratie despotique. On a créé tout un état-major d'inspecteurs de toute sorte, il y en a 700 en Angleterre qui coûtent 7 1/2 millions de francs par an. « Les fonctionnaires les plus sages et les plus capables du *Civil service*, dit M. Shaw Lefèvre, sont opposés à une trop grande extension de leurs départements ; ils connaissent la force et la faiblesse de la machine. L'*officialisme* dégénère facilement en formalisme. Afin d'éviter des inégalités de traitement dans les diverses parties du pays, il faut des règles strictes qui, pour le spectateur, ont une saveur de bureaucratie (red tapism). Le gouvernement parlementaire n'est pas favorable au développement d'une bureaucratie éclairée. En tenant le chef officiel d'un département responsable des moindres détails d'administration, le Parlement tend à rendre les fonctionnaires permanents timides dans l'action et effrayés de se compromettre. Multiplier les fonctionnaires qui ont des intérêts communs, — intérêts qui ne sont pas identiques avec ceux de l'État, — est un danger considérable. Leur conduite peut souvent être dictée par des considérations privées. »

On excusera la longueur de nos citations, mais le sujet est brûlant et mérite l'attention de tous les esprits sérieux. Nous sommes au début d'un mouvement dont on ne peut mesurer les conséquences. Il n'y a pas encore de signes précurseurs d'une réaction contre cette extension des attributions de l'État. Elle nous semble périlleuse surtout dans les pays où l'esprit démocratique est puissant. La tyrannie parlementaire est le plus redoutable de tous les régimes despotiques.

Un contre-poids nécessaire, indispensable, c'est que les hommes, placés à la tête de l'État, aient de véritables principes de gouvernement, qu'ils soient imbus de traditions gouvernementales et qu'ils soient en mesure de résister, lorsqu'on les pousse vers des pentes dangereuses. Il ne faut pas qu'ils prennent pour guide exclusif de leurs actions, l'intérêt de parti; il ne faut pas qu'ils sacrifient tout à la politique du moment.

ARTHUR RAFFALOVICH.

Octobre 1884.

TRAVAIL ET SALAIRES

CHAPITRE PREMIER

Comment remédier aux salaires peu élevés.

Faits qui démontrent que la condition de l'ouvrier s'est amélioréc depuis quarante ans. Ils contredisent ceux qui soutiennent qu'il n'y a eu aucun progrès de ce côte, tandis que la production de la richesse a grandement augmenté. — La diminution du coût de l'existence permet de traverser plus aisément une période de crise industrielle. — Une loi pour régler les salaires serait nuisible ou vaine. Des résultats tout aussi peu satisfaisants seraient obtenus, si l'on réglait législativement la durée d'une journée de travail. — Des associations d'ouvriers, travaillant pour leur propre compte, ont l'occasion de montrer si des hommes qui souffrent aujourd'hui d'un travail excessif, pourraient faire autant de besogne s'ils travaillaient moins d'heures par jour. — L'État ne peut trouver du travail pour tous ceux qui sont sans ouvrage, a moins de restreindre par une loi la population. — Aucun remède à des salaires peu éleves ne peut exercer une influence décisive et permanente, s'il n'augmente l'efficacité du travail et s'il n'améliore la condition morale et sociale de l'ouvrier. — L'éducation nationale est non seulement le remède le plus

efficace, mais un remède essentiel. — Depuis l'introduction
de l'éducation nationale en Angleterre, il y a eu une diminution notable du crime, de l'ivrognerie, du pauperisme.
— Explication de la manière dont l'éducation augmente
directement l'efficacité du travail. — L'émigration peut être
un remède efficace contre des salaires peu élevés. — Avantages résultant du système des *allotments*. — L'*enclosure* de
commons a fait un tort considérable, non pas seulement aux
pauvres, mais au public en général. — La preuve de l'efficacité d'un moyen destiné à améliorer la condition des pauvres
est celle-ci : Ce moyen tendra-t-il à ce que les pauvres en
dernier lieu comptent davantage sur eux-mêmes ?

Aucune question de science économique ne saurait avoir plus grande importance pratique, que
la détermination des causes qui règlent le taux
des salaires. Nulle part, le capital n'a augmenté
plus rapidement qu'en Angleterre, durant les dernières années : l'extension du commerce et l'accroissement de la richesse nationale ont été sans
précédents. On pourrait citer d'innombrables statistiques, dont chacune prouverait un développement merveilleux du commerce et de l'industrie
britanniques. En douze ans, de 1849 à 1861, l'exportation a progressé de 60,000,000 £ à 120,000,000 £;
en 1882, elle atteignait une valeur de 306,000,000 £.
Il y a une augmentation correspondante de l'importation, qui a avancé d'une façon continue jusqu'à
ce qu'en 1882 elle soit arrivée à 413,000,000 £.

On a souvent exprimé l'opinion que cet accroissement remarquable de richesse n'a pas été accompagné d'une amélioration correspondante dans la condition des ouvriers ; il a été soutenu entre autres, par M. George, dans son livre « Progress and Poverty », qu'il n'y a pas eu d'amélioration du tout. Bien que le progrès dans la condition des classes ouvrières ait pu rencontrer des arrêts temporaires, — on peut, à notre avis, en passant en revue une période considérable, démontrer d'une manière concluante qu'il y a eu une amélioration marquée dans la condition générale des classes industrielles, depuis l'adoption du free trade, l'extension du système des chemins de fer et l'introduction d'autres perfectionnements dans les moyens de communication. A l'époque (1842) où Sir Robert Peel commença la série de grandes réformes financières, qui, en fin de compte, aboutirent à l'abolition complète de la protection, il n'y avait, pour ainsi dire, pas un seul article de production étrangère qui ne fût lourdement taxé. Le tarif anglais contenait alors environ 1,200 articles sur lesquels des droits d'entrée étaient perçus, et qui presque tous ont été abolis ; aujourd'hui le total entier du revenu fourni par des articles d'origine indigène ou étrangère provient de six articles : alcool, vin, bière, tabac, thé, café. L'abaissement et la suppression des droits, l'abrogation de tous les impôts protecteurs, placés sur des produits étrangers, ont abaissé matériellement le prix de presque tous les articles de consommation étrangère, excepté pour la viande et la laiterie; cette réduction du prix se fait sentir surtout dans des saisons défavorables. Jadis lorsqu'il y avait une diminution dans la production indigène, les entraves placées à l'importation étrangère, amenaient souvent les objets nécessaires à l'existence, à des prix voisins de prix de famine, et une misère étendue en résultait, ce que nous ne voyons plus jamais à présent [1].

Miss Martineau, dans son admirable *Histoire de 30 années de paix*, fait une description vivante de l'état du pays en 1841 : « La détresse dans les districts manufacturiers est à présent si profonde, qu'il est devenu clairement inévitable que beaucoup doivent mourir et qu'une multitude sera réduite par suite de manque de nourriture, à un état de maladie et d'irritation. A Carlisle, la commission d'enquête rapporte qu'un quart de la population est dans une condition voisine de la famine — actuellement certaine de mourir de faim, si on ne lui vient pas en aide par

---

[1] Pendant les vingt premières années du siècle, le prix du blé a été en moyenne 98 shellings 6 pences par quarter. Le pain, par conséquent, a été dans ces années deux fois plus cher qu'aujourd'hui, et les salaires dans la plupart des branches étaient considérablement au-dessous de ce qu'ils sont aujourd'hui.

des efforts extraordinaires. A Stockport, plus de la moitié des maîtres fileurs avaient fait faillite avant la fin de 1842; des maisons d'habitation au nombre de 3,000 étaient fermées; les habitants d'un grand nombre d'autres étaient hors d'état de payer les contributions. Cinq mille personnes parcouraient les rues, condamnées à une oisiveté forcée. »

Il est impossible de se faire une idée de l'abjecte misère, dans laquelle beaucoup d'ouvriers agricoles vivaient à cette époque. Je puis me rappeler que le salaire ordinaire d'un ouvrier dans le Wiltshire et le Dorsetshire ne dépassait pas 7 à 8 shellings par semaine. M. Morley, dans sa biographie de Cobden, donne quelques exemples frappants de l'état misérable, dans lequel végétait la population rurale : « Dans le Somersetshire, le budget d'une famille composée du père, de la mère et de cinq enfants âgés de moins de 10 ans, était le suivant : un demi-bushel de froment coûte 4 shellings; — pour moudre, cuire, 6 pences, — feu, 6 pences, loyer, 18 pences. Il reste d'un gain total de 7 shellings, un solde de 6 pences pour pourvoir la famille de vêtements, de pommes de terre, et de tous les autres objets de première nécessité ou de luxe, indispensables à l'existence. Dans le Devonshire, l'ouvrier voyait rarement de la viande, rarement il goûtait du lait. Sa nourriture se composait en grande partie d'orge moulue et de pommes de terre. »

Bien qu'il puisse y avoir des fluctuations d'une année à l'autre, dans la condition des classes industrielles, rien ne montre davantage le progrès accompli que le fait suivant : en dépit d'une série de mauvaises saisons, en dépit de crises qui ont atteint beaucoup de branches d'industrie, rien aujourd'hui ne se rapproche de la misère inouïe dont je viens de donner quelques exemples. Des pertes considérables ont dû être supportées pendant les sept années comprises entre 1876 et 1883 par l'agriculture et les autres branches de la production, — il est hors de doute que, dans une foule de cas, les pertes sont tombées bien plus sur le patron que sur l'ouvrier. Loin qu'il y ait eu disette et rareté de nourriture, le prix de tous les produits, à l'exception de la viande et du laitage, a été exceptionnellement bas. Cette diminution dans le coût de la vie a non seulement servi de compensation dans les cas où les salaires avaient été réduits, mais encore elle a permis de traverser une période de dépression commerciale et industrielle, sans cette misère extrême qu'il a fallu subir si souvent dans le passé.

J'ai essayé de montrer qu'il y avait eu un progrès incontestable. On ne saurait nier cependant que la condition générale du peuple ne soit susceptible d'une amélioration indéfinie, et des remèdes sont constamment proposés en vue d'améliorer la position du pauvre. L'utilité pratique de l'économie politique ne peut être mieux *illustrée* qu'en appliquant ses principes à éprouver la valeur de ces remèdes. Quand on l'aura fait, beaucoup de ces remèdes seront reconnus impraticables ou illusoires. On démontrera qu'ils amènent souvent des effets opposés à ceux qu'ils étaient destinés à produire et qu'ils aggravent la misère qu'ils devaient soulager. Grèves, *trade unions* et coopération, ce sont là les remèdes à des salaires peu élevés, qui en ce moment inspirent le plus de confiance aux différentes sections de la classe ouvrière. Je consacrerai donc un chapitre séparé à étudier l'influence des grèves, des trade unions et des sociétés coopératives. Il y a également une tendance croissante à s'appuyer, afin d'améliorer la condition du pauvre, sur divers moyens qui entraînent l'intervention de l'État et qui exigent le concours de la machine gouvernementale. Beaucoup de ces projets prennent le caractère du socialisme d'État. Et il sera utile de consacrer un chapitre spécial à ce sujet. Le projet connu sous le nom de nationalisation de la terre, a de temps à autre été l'objet d'une grande faveur populaire. Avant de discuter ces sujets, il sera bon de considérer d'autres remèdes, dans l'efficacité desquels nombre de personnes, à de certains moments, ont exprimé une grande confiance.

Le *statute-book* anglais prouve qu'en Angleterre on a souvent essayé de régler les salaires par la loi. Le plus fameux des actes, qui invariablement ont été conçus dans l'intérêt supposé des patrons, est le « Statute of Labourers » qui remonte à 1350. Cette loi avait pour objet de prévenir la grande hausse de salaires qui s'était produite en conséquence de la rareté de la main d'œuvre, après les ravages de la peste noire. Non seulement elle déterminait le taux des salaires, mais de plus elle interdisait à l'ouvrier de quitter la paroisse où il vivait, pour se mettre en quête d'un travail mieux payé.

Les lois qui essaient de régler les salaires sont toujours ou futiles ou funestes. Il sera nécessaire d'examiner plusieurs cas, afin de faire ressortir pleinement les effets de l'intervention législative. Tout d'abord, supposez une loi générale votée, décretant que les salaires seront partout augmentés de vingt pour cent. Si les patrons sont hors d'état de se rembourser de la différence, en haussant le prix des produits de 20 0/0, il est évident que cette hausse dans les salaires représente simplement une diminution équivalente dans les bénéfices. L'effet immédiat sera une réduction dans le mouvement des affaires. Les capitalistes trouveront moins d'avantages que par le passé à placer des capitaux dans l'industrie nationale. Une plus grande partie du capital national sera exportée; des avantages considérables seront donnés aux concurrents étrangers, dans toutes les branches de l'industrie. Ils vendront à des prix moindres sur notre propre marché; l'industrie indigène, le commerce d'exportation seront sérieusement atteints. Toute tentative d'amener une hausse générale des salaires par des prescriptions législatives, aura des résultats funestes au bien-être de la nation tout entière et désastreux surtout pour les ouvriers eux-mêmes. Tout avantage temporaire que les ouvriers obtiendraient par cette hausse artificielle des salaires, stimulera l'accroissement de la population, — au bout de quelques années, il y aura un nombre supplémentaire d'ouvriers qui viendront concourir pour le travail disponible. En fin de compte, la condition des classes laborieuses pourra bien être plus mauvaise qu'auparavant.

On pourrait croire que ces fâcheuses conséquences ne se produiraient pas si la loi, réglant les salaires, affectait seulement quelques industries spéciales, dans lesquelles on est d'accord pour reconnaître que les salaires sont trop bas. Afin d'examiner un cas, qui semble favorable à l'intervention gouvernementale, supposons qu'on fasse une loi déclarant qu'aucun travailleur agricole valide ne doit recevoir moins de 15 shellings par semaine. On peut soutenir que personne ne doit avoir moins que cette somme, et en effet, 15 shellings par semaine est le minimum avec lequel un homme, possédant une famille, peut entretenir lui et les siens en pleine santé et en pleine vigueur. Il est probable que les patrons y gagneraient si les salaires des ouvriers les plus mal payés augmentaient. On a exprimé l'opinion que les fermiers, qui ne paient à leurs ouvriers que 11 ou 12 shellings par semaine, agissent aussi peu sagement que s'ils ne donnaient pas une ration suffisante à leurs chevaux. Des faits démontrent incontestablement que le travail le plus mal payé n'est souvent pas le moins coûteux. Il paraîtrait donc qu'une loi fixant le minimum des salaires agricoles à 15 shellings par semaine, serait un bienfait pour les ouvriers et n'imposerait aucun sacrifice aux patrons. L'effet immédiat de cette législation pourrait bien répondre à cette supposition, mais à moins que cette augmentation dans le taux du salaire ne fût accompagnée d'un progrès social et moral équivalent, il en résulterait sûrement des mariages prématurés et imprévoyants. On encouragerait artificiellement un accroissement de population ; on découragerait l'émigration. En peu d'années l'offre de bras aurait augmenté, et rien ne serait survenu pour augmenter la demande de travailleurs de la part des patrons. Ainsi même dans l'hypothèse la plus favorable, l'ingérence de l'État aura eu pour effet final d'amener un excès de travail, eu égard à la demande ; en d'autres termes, il y aurait bientôt une classe nombreuse incapable de trouver de l'occupation et qui devra être secourue par l'assistance publique.

On peut dire que personne aujourd'hui ne propose sérieusement de demander au Parlement de régler les salaires. Une pareille requête n'est jamais faite directement, mais constamment il est mis en avant des prétentions prouvant que nombre de gens sont sous l'influence de théories aussi fausses que celles qui dans le passé faisaient considérer comme la mission du gouvernement, de régler les salaires. Dans quelques États de l'Union, des lois ont été faites, fixant la journée de travail à huit heures. Une loi semblable serait certainement accueillie favorablement par quelques-uns des ouvriers anglais. Une fraction influente des ouvriers français a lancé en 1882, un programme, réclamant une réduction universelle de la journée à huit heures, demandant que l'État fixât un minimum de salaires, ce minimum variant chaque année avec le prix des denrées alimentaires. En ce qui touche la proposition de fixer une limite légale à la durée d'une journée de travail, on avance, non sans vraisemblance que, si la limite de huit heures était adoptée, l'ouvrier recevrait pour ces huit heures probablement autant qu'on lui paie aujourd'hui pour dix heures. La quantité de travail diminuerait; par suite la rémunération augmenterait en proportion, si on interdisait de travailler plus de huit heures par jour. Pour démontrer la fausseté de ce raisonnement, il suffit de faire brièvement allusion à quelques-unes des conséquences, qui, comme nous l'avons fait voir plus haut, suivraient l'introduction d'une loi réglant les salaires. Les patrons verraient leurs bénéfices diminuer, s'ils avaient à payer pour huit heures de travail, autant que pour dix heures. Cette réduction de profits ferait retirer des capitaux, et l'industrie en souffrirait. On soutiendra peut-être que les patrons se dédommageraient en haussant les prix. Il ne faut pas oublier, d'autre part, que chaque pays soutient une lutte acharnée contre la concurrence étrangère. L'Angleterre succomberait devant ses rivaux, si le prix de ses produits était haussé artificiellement et son industrie en était paralysée. En supposant qu'elle n'eût rien à craindre de concurrents étrangers et qu'une hausse générale dans les prix, suffisante à compenser la perte subie par les patrons, pût être maintenue, la rémunération supplémentaire, reçue par l'ouvrier, serait nominale et non réelle. S'il obtenait un plus grand nombre de pièces d'argent pour une certaine quantité d'heures de travail, ces pièces de monnaies auraient moins de valeur pour lui que par le passé. Les prix ayant haussé sur tous les articles, les pièces d'argent auraient un pouvoir d'acquisition moindre.

Beaucoup de gens sont amenés à se faire les avocats de restrictions législatives sur les heures de travail, par la conviction qu'aujourd'hui les ouvriers sont souvent soumis à un excès de travail et qu'on pourrait faire tout autant en diminuant les heures de travail. Si cette opinion était exacte, les patrons pourraient naturellement payer les mêmes salaires pour une journée plus courte. Tout le monde se réjouirait, si l'on pouvait accomplir un semblable changement. Il est très désirable en effet de diminuer le plus possible les heures de travail, de façon à ce que les ouvriers aient plus de loisir pour des distractions physiques et intellectuelles. Il n'est pas de reproche plus vif contre notre progrès matériel si vanté, rien n'indique plus sûrement les défauts si graves de l'ordre économique actuel que le fait suivant : l'augmentation si considérable de richesse nationale a fait jusqu'ici si peu pour faire sentir à l'ouvrier que sa lutte pour l'existence est moins pénible. S'il est vrai qu'autant de besogne puisse être faite en huit heures qu'en dix, il faudrait faire reconnaître cette circonstance par les patrons, non à l'aide de la législation, mais par l'expérience. Il n'est pas difficile de prévoir les inconvénients et les anomalies sans nombre qui se produiraient, si l'on faisait une loi sur ce sujet. Les différentes espèces de travail varient grandement en difficulté. On peut à peine soutenir sérieusement que lorsque l'ouvrage est aisé, on peut accomplir autant en huit heures qu'en dix. Certains travaux épuisent tellement l'ouvrier que l'on considère huit heures comme une journée pleine. Par exemple, dans les mines de cuivre de Cornouailles, les ouvriers qui travaillent sous terre, ne travaillent jamais plus de huit heures, tandis que ceux qui sont employés à une besogne plus aisée, à la surface, travaillent dix heures. On peut espérer que dans l'avenir, les ouvriers auront davantage l'occasion de montrer quelle est la durée du travail la plus convenable dans les diverses occupations. Si la coopération devait s'étendre, si l'on adoptait davantage dans l'industrie le principe d'allouer aux ouvriers, une part de bénéfices, un plus grand nombre d'ouvriers se trouveraient employés en quelque sorte pour leur propre compte ; ils constateraient de la sorte, par leur propre expérience, quelle est, dans chaque cas spécial, la durée convenable d'une journée de travail. Aucune découverte ne serait plus précieuse au point de vue économique et social, que s'ils arrivaient à démontrer que beaucoup de nos ouvriers seraient en état de faire plus de besogne, s'ils recevaient des salaires plus élevés ou s'ils étaient employés pendant un nombre d'heures moindre chaque jour.

Donner du travail aux gens sans ouvrage, c'est là un service que beaucoup de gens se figurent avoir le droit de demander au gouvernement. Ce droit à leurs yeux passe même avant celui de faire régler les salaires par une loi. Il importe de faire ressortir quelques-unes des conséquences, si chaque individu avait le droit non seulement de demander de l'ouvrage au gouvernement, mais encore de recevoir les salaires ordinaires. Aussitôt après qu'un semblable privilège aurait été accordé, il pourrait se trouver très avantageux à la classe ouvrière et ne ferait probablement pas tort à la communauté ; mais si ce privilège était continué, ses effets finals seraient des plus désastreux pour la nation. Si le gouvernement s'est forcé de procurer du travail aux ouvriers sans ouvrage, il lui sera nécessaire de se procurer l'argent soit au moyen d'un emprunt, soit par une augmentation de l'impôt. Si l'argent était fourni par un emprunt, il n'en faudrait pas moins recourir à une élévation de l'impôt, afin de faire face aux intérêts. Dans la mesure ou l'argent dépensé par le gouvernement à donner du travail aux ouvriers sans ouvrage, serait pris sur le capital engagé précédemment dans l'industrie nationale, on aurait mis en jeu un facteur qui diminuerait les salaires en général. Dans un pays comme l'Angleterre, l'expérience pourrait continuer pendant quelques temps sans amener une réduction des salaires ; une augmentation considérable de la taxation ne diminuerait pas tout d'abord le capital employé dans l'industrie. En premier lieu, il y aurait bénéfice pour les classes ouvrières, si les salaires payés aux ouvriers par le gouvernement étaient prélevés non sur les capitaux, mais obtenus au moyen d'une diminution dans les dépenses personnelles des contribuables ou par une réduction dans le montant des capitaux placés hors de l'Angleterre. Ce bénéfice ne serait pas nécessairement borné aux ouvriers ; un gouvernement peut en effet souvent accroître la richesse d'un pays en appliquant le produit d'un emprunt ou d'une augmentation des impôts, à des travaux publics, que l'initiative privée n'exécuterait pas. Il semble donc que, si par une cause soudaine et inévitable un grand nombre d'ouvriers étaient réduits au chômage, un gouvernement serait justifié de promettre de l'ouvrage aux ouvriers sans travail, à titre d'expédient temporaire. Une politique semblable ne porterait en rien atteinte aux ressources productives de la contrée, parce que l'argent dépensé par le gouvernement en salaires, ne serait pas, en première instance, fourni par le capital de la nation. Les conséquences les plus désastreuses se produiraient, si le gouvernement continuait à donner du travail à tous ceux qui se présenteraient pour en demander. La population a un pouvoir illimité d'accroissement; par conséquent, on ne saurait assigner de limites au nombre de ceux que le gouvernement serait contraint d'employer, s'il avait pris l'engagement de donner du travail à tous les solliciteurs. Que l'État offre une semblable assistance aux classes ouvrières, et il n'est pas douteux que, dans l'état présent de la société, un encouragement puissant sera donné à l'augmentation de la population. Le nombre de ceux qui s'adresseront au gouvernement ira constamment en augmentant. A la fin, les ressources de la nation subiront une tension excessive, afin de fournir les salaires que le gouvernement serait appelé à distribuer. Ce n'est pas une supposition pure : la statistique a démontré que beaucoup, dans les classes inférieures de la société, se marient avec la plus excessive légèreté. S'ils peuvent vivre quand ils se marient, ils sont satisfaits; ils ne pensent pas au supplément de dépenses que la famille amène à sa suite. Si donc le gouvernement donnait du travail à tous ceux qui en demandent, il encouragerait le mariage chez les ouvriers dans une si forte proportion, que l'augmentation de population ne serait plus restreinte parmi eux, par aucune considération de prudence. L'État ne pourrait continuer à donner du travail, à moins d'introduire une loi qui mettrait des obstacles sérieux à l'augmentation de la population. La nécessité absolue de cette précaution est démontrée par le système anglais de *Poor Law*. Chaque paroisse est tenue de fournir à tous ceux dont l'entretien tombe à sa charge, suffisamment de nourriture et de vêtements pour les protéger contre le besoin physique. Mais ceux qui réclament cette assistance peuvent être contraints à résider dans la maison de travail, où ils sont soumis à certaines restrictions; par exemple on ne permet pas au mari et à la femme de vivre ensemble, à moins qu'ils ne soient très âgés; si on les autorisait à cohabiter, les maisons de travail deviendraient des établissements pour l'élevage de pauvres héréditaires et la taxe des pauvres absorberait bientôt toute la richesse de la paroisse. Il y a donc, semble-t-il, une difficulté fondamentale inhérente à tous les efforts qu'on ferait en vue d'améliorer la condition matérielle du pauvre par un système permanent de secours : des secours pécuniaires encouragent l'augmentation de population, et par conséquent l'argent requis pour un système semblable d'assistance universelle absorbera une quantité croissante de la richesse nationale. Cette difficulté ne peut être surmontée qu'en entravant la population ; il serait impossible de conserver le système actuel du *Poor Law* anglais, si l'on permettait au mari et à la femme de demeurer ensemble dans le *workhouse*. Il n'est pas nécessaire de nous étendre davantage sur ce sujet. Dans un autre chapitre, nous examinerons l'influence de la loi des pauvres sur la condition de l'ouvrier.

Lorsqu'on envisage un plan destiné à améliorer la condition des pauvres, un des objets qu'il ne faut pas perdre de vue, c'est de s'efforcer le plus possible d'obtenir un progrès assez marqué dans leur condition, pour qu'ils ne sacrifient pas volontiers le niveau plus élevé de comfort qu'ils ont atteint. Si le progrès est seulement insignifiant, on court le danger qu'il ne soit pas suffisamment apprécié, pour empêcher qu'il soit reperdu par un acte quelconque d'imprévoyance. Tout projet de philanthropie universelle ne peut être efficace, s'il n'améliore la condition des classes laborieuses d'une manière assez décisive, pour les faire monter à un degré supérieur de comfort matériel et social. Quelques-uns dans les classes inférieures se marient légèrement parce qu'ils n'ont pas le sentiment d'avoir une position sociale à conserver ; ils végètent si misérablement, qu'on ne saurait dire qu'ils aient un *standard* habituel de comfort, auquel ils renonceraient avec peine. Ils ne peuvent guère descendre plus bas. Des hommes appartenant à la classe moyenne ou à la classe supérieure, ne se marieront pas d'ordinaire s'ils croient que le mariage les condamnera à vivre dans une situation inférieure, avec moins d'aises, et à élever leurs enfants dans une position sociale moindre. Des mobiles d'une prudence analogue retiendraient les classes laborieuses, si leur condition matérielle pouvait être améliorée grandement tout d'un coup. Elles auraient comme les classes au-dessus d'elles, un degré habituel de comfort qu'elles ne sacrifieraient pas volontiers par des mariages imprévoyants.

La conclusion naturelle à tirer de ces remarques, c'est qu'il n'existe pas de remèdes efficaces à un taux peu élevé de salaires, s'ils n'augmentent l'efficacité du travail et s'ils n'assurent un progrès social et moral dans la condition des ouvriers eux-mêmes. Il n'est pas difficile de montrer que l'éducation publique est le facteur le plus puissant pour effectuer un progrès réel dans la condition du pauvre.

Je n'ai pas besoin d'insister sur le fait, que l'éducation augmente singulièrement l'efficacité du travail. Il n'y a pour ainsi dire pas de procédé, de besogne dans l'industrie qui n'exige un effort mental aussi bien qu'un effort physique. On a admis généralement jusque dans ces derniers temps que les travaux de l'agriculture varient si peu d'une année à l'autre et que les outils avec lesquels on cultive la terre sont si simples, que l'éducation est de peu d'importance pour le fermier ou pour ses ouvriers. Mais peu à peu la vérité commence à se faire jour. Les fermiers eux-mêmes comprennent que l'agriculture, comme toute autre industrie, demande de l'habileté et de l'intelligence, qu'il est nécessaire afin de réaliser des bénéfices satisfaisants, de recourir à un outillage coûteux et compliqué, et qu'on ne peut le confier sans danger et sans inconvénient à des ouvriers malhabiles. Les patrons se plaignent partout en Angleterre, que chaque année, il devient plus douteux que l'Angleterre soit en état de mainte-

nir la suprématie commerciale qu'elle a possédée.
Les pays qui deviennent ses plus formidables concurrents sont ceux qui, comme la Prusse et les États-
Unis, ont établi depuis longtemps un système d'éducation nationale. Une dextérité supérieure, un plus
grand pouvoir de concentration, la promptitude à
découvrir de nouveaux procédés industriels et à apprendre à se servir d'une nouvelle machine, ce sont
là quelques-uns des avantages industriels que l'ouvrier, dont l'esprit a été cultivé, possède sur celui
qui a grandi dans l'ignorance.

L'éducation n'exerce pas une influence moins
heureuse, bien qu'indirectement, sur l'efficacité du
travail et sur la prospérité de l'industrie. L'ignorance
presque toujours implique l'emploi prématuré. Des
millions de gens en Angleterre sont hors d'état de
lire ou d'écrire, non parce qu'il n'y a pas eu d'école à
leur portée, lorsqu'ils étaient jeunes, mais parce que
leurs parents, par ignorance, par pauvreté, par
égoïsme, les ont mis trop tôt au travail. On a souvent
fait allusion à la déplorable ignorance des ouvriers
agricoles en Angleterre : cependant on sait que bien
peu d'entre eux n'ont pas été à l'école dans leur plus
tendre jeunesse. Un enfant, qu'on enlève à l'école,
lorsqu'il a huit ou neuf ans, oublie rapidement
presque la totalité du peu qu'il a appris. Une igno-

rance répandue est le sûr indice qu'une partie considérable de la population a subi les inconvénients multiples d'un emploi prématuré. La santé est sacrifiée, la vigueur physique diminuée, les forces épuisées à un âge où les hommes devraient être encore dans leur fleur.

Le mal qui en résulte ne se borne pas aux ouvriers eux-mêmes; la communauté entière subit une grosse perte matérielle si l'efficacité industrielle de ceux qui produisent primordialement la richesse, est atteinte. Beaucoup de ceux qui ont vieilli avant le temps, doivent être entretenus aux frais de la paroisse, à une époque de leur vie où ils devraient être encore des forces de production en pleine activité. De cette façon le fardeau de la taxation locale est singulièrement augmenté.

Chaque année il survient des faits qui prouvent que la concurrence que l'Angleterre doit soutenir avec les pays étrangers, est plus vive et plus serrée. Il est probable que la balance finira par pencher en faveur du pays qui aura les ouvriers les plus intelligents et les plus instruits. On entend souvent les patrons se plaindre en Angleterre de ce que l'industrie est gênée par le poids trop lourd des taxes locales, et de ce que les Trade Unions imposent aux patrons des règlements contraires aux principes de l'économie politique. Une remarque suffit ici : laissez un enfant grandir dans l'ignorance, il est difficile d'admettre que lorsqu'il aura atteint l'âge d'homme, il possédera les connaissances requises pour lui permettre de guider ses actions en stricte conformité avec les principes de la science économique. Quant aux charges pécuniaires qui pèsent sur l'industrie nationale, il n'y a pas de doute que ce soit là un mal d'une gravité croissante. Il est presque superflu d'ajouter que le crime et la pauvreté sont dus jusqu'à un certain degré, aux lourdes charges que l'industrie doit supporter. La statistique prouve incontestablement que l'ignorance est une source féconde de crimes. La grande majorité des criminels condamnés est incapable de lire et d'écrire avec facilité.

L'ivrognerie est l'agent le plus puissant du crime et de la pauvreté. Il y a un lien manifeste entre l'ignorance et l'intempérance. Les hommes iront au cabaret, s'ils sont incapables de trouver du plaisir dans des distractions raisonnables. Le loisir, au lieu d'être un bienfait, pesera lourdement sur eux.

L'Angleterre jouit d'un système d'éducation nationale seulement depuis 1870, lorsqu'on a introduit l'*Elementary Education Act*. On commence à avoir la preuve, qu'il y a une heureuse diminution dans le crime, l'ivrognerie et le paupérisme. Depuis 1869 le nombre des personnes condamnées pour des actes criminels en Angleterre et en Écosse a diminué de 25 0/0 environ. On a calculé que la réduction dans la consommation des spiritueux entre 1875-76 et 1882-83 entraîne une perte de 125,000,000 de francs pour le revenu de l'État, et que depuis deux ans le nombre de personnes assistées par les paroisses, en Grande-Bretagne, a diminué de 25 0/0, bien que pendant ce temps, la population ait considérablement augmenté et que beaucoup de branches d'industrie aient passé par une période de dépression. On ne saurait attribuer en entier cette amélioration à l'introduction de l'éducation nationale, cependant les faits cités fournissent des raisons sérieuses d'espérer que la diffusion de l'éducation à travers toute la Grande-Bretagne commence à avoir une influence marquée sur sa condition sociale et économique [1].

[1] On doit regretter vivement que le système d'éducation nationale n'ait pas été jusqu'ici étendu à l'Irlande. Grâce à l'application de l'instruction obligatoire, une certaine somme de présence à l'école est garantie à tout enfant. La même obligation n'est pas imposée aux parents en Irlande, et par conséquent le niveau moyen d'instruction en Irlande deviendra probablement chaque année inférieur à celui de l'Angleterre. Autant que je sache, on n'a jamais suggéré de raisons valides pour expliquer pourquoi l'État doit répudier vis-à-vis des enfants irlandais une responsabilité qui a produit de si excellents résultats dans le reste du Royaume-Uni.

En essayant d'indiquer quelques-unes des conséquences économiques attachées à une extension de
l'éducation, on doit accorder une importance particulière à l'effet qu'elle peut avoir sur l'augmentation de
l'efficacité du travail. C'est presque un *truisme* d'affirmer qu'un travailleur intelligent est d'ordinaire plus
productif qu'un travailleur inintelligent ; un homme à
l'intelligence éveillée s'adaptera plus aisément aux
changements dans les procédés industriels, rendus
nécessaires par un perfectionnement dans l'outillage,
que celui qui est enseveli dans une ignorance crasse.
Il importe aussi de ne pas perdre de vue l'effet sur
l'efficacité industrielle, que peut exercer tout progrès
dans la condition morale de l'ouvrier. Plus l'ouvrier
mérite la confiance du patron, plus il est probe,
moins on a de dépenses à faire pour le contrôle et la
surveillance ; lorsqu'un ouvrage est fait avec plus
d'activité et plus d'intelligence, la quantité et la qualité s'améliorent. Dans ces conditions, la dépense
d'une certaine somme de capital et de travail donne
un résultat plus rémunérateur, et il y a un fonds ad-
ditionnel à l'aide duquel le capital et le travail peuvent recevoir une récompense supplémentaire. J'au-
rai souvent l'occasion de faire voir combien les
résultats sont différents, suivant que la rémunération additionnelle du travail est prise sur les profits

du patron ou si elle est le fruit d'une augmentation d'efficacité. Dans le premier cas, le profit pour l'ouvrier sera généralement passager. Avec une diminution de bénéfices, le motif d'employer du travail décroît, et la demande de travailleurs diminue. Lorsque la hausse des salaires est le résultat d'une augmentation dans l'efficacité du travail, l'avance dans le taux des salaires sera accompagnée d'une augmentation correspondante de bénéfices ; dans ce cas, la hausse des salaires, loin de conduire à une diminution ultérieure en réduisant les chances d'occupation, verra augmenter la demande de travail, par suite de la hausse dans le terme des bénéfices.

Ces remarques pourraient amener à la conclusion qu'un progrès dans l'éducation est le moyen le plus efficace d'améliorer la condition des ouvriers d'une manière permanente. Il ne faut pas déprécier cependant l'importance d'autres facteurs qu'on peut faire concourir à ce résultat. La condition des classes ouvrières aussi bien que l'industrie nationale en général se ressentiront avantageusement, si l'on améliore les moyens de communication et que par là on facilite la migration ou l'émigration du travail. On vient en aide là où l'offre de travail dépasse la demande, — le travail ainsi déplacé est souvent d'une valeur inestimable pour développer les ressources d'endroits où le travail est rare. Les États-Unis, le Canada, l'Australie, sont redevables en grande partie de leurs progrès matériels à la provision de travail qu'ils ont reçue d'Europe. Ces nouvelles contrées offrent non seulement de nombreux avantages aux ouvriers, — mais encore les quantités de céréales, de viandes qu'elles fournissent à des pays d'une population aussi dense que l'Angleterre, sont d'une importance incalculable. En retour de la viande et du blé que nous recevons, elles prennent des produits fabriqués, et ainsi un échange se fait à l'avantage réciproque des uns et des autres.

En traitant de la coopération, nous parlerons des Sociétés de construction et d'autres moyens qui sont de nature à exercer une grande influence pour améliorer la condition des ouvriers. Il est essentiel, à mon avis, d'éviter l'erreur de placer une confiance excessive dans un seul moyen pour effectuer des améliorations sociales. Ce qu'il faut, c'est mettre en mouvement *simultanément* chaque moyen disponible, par lequel la condition du pauvre a chance d'être améliorée. Si un progrès marqué peut être assuré dans la condition d'une génération, il est moins probable qu'il y aura un retour en arrière, qu'on retombera dans l'état antérieur. Il est assez naturel que les avocats d'une méthode particulière

estiment trop haut les effets produits pas la mise en
œuvre de cette méthode ; on peut citer bien des cas
où une grande déception a été ressentie, où une véritable réaction s'est produite, lorsqu'on a vu que les
résultats ne répondaient pas aux espérances conçues.
Ainsi il y a quarante ou cinquante ans, on avait
formé des espérances extravagantes touchant les
avantages conférés aux ouvriers en leur accordant
des jardinets. Ces assignations ont exercé certainement une influence bienfaisante. Cela ne suffit pas à
élever la condition d'une classe. On en a trop attendu.
Les gens ont été désappointés ; des économistes
d'une grande autorité ont par suite évalué trop bas
les avantages de ces assignations de jardins. On a
soutenu par exemple que pour les plus mal payés
d'entre les ouvriers, une assignation agit comme une
taxe en aide des salaires, que ces ouvriers obtiennent
de leurs salaires et de leurs jardins, juste de quoi
vivre, — que si on les privait de leur lopin de terre,
on devrait hausser les salaires. Il y a une part de vérité dans ces assertions. Mais à mesure que les ouvriers améliorent leur condition, les produits
obtenus de la culture du jardin représentent un supplément réel, ajouté au salaire. Lorsqu'on peut
assigner des jardins aux ouvriers des villes, ce n'est
pas seulement des produits qu'il serait coûteux

d'acheter qu'on leur fournit, mais encore on les pourvoit d'une occupation saine et très désirable dans leurs heures de loisir. Le plus grand soin doit être pris, afin d'assurer de la terre pour ces « allotments. » L'*Enclosure Act* de 1845 contenait une clause spéciale déterminant que lorsque la terre était enclose, certaines portions devaient en être réservées pour être distribuées parmi les ouvriers; ces prescriptions ont été honteusement négligées. En 1869 le gouvernement a présenté une loi au Parlement pour enclore dans diverses localités 6,900 acres de terre, et la quantité réservée pour être distribuée s'étendait à six acres, dont trois acres pour lieux de récréation.

On demande parfois, en vue de venir en aide aux pauvres, que les terres en friche soient mises en culture. Ceux qui font cette proposition devraient se rappeler que depuis le commencement du siècle dernier, cinq millions d'acres ont été enclos. Des témoignages recueillis par les commissions parlementaires prouvent d'une manière irréfutable que dans le cas de presque toutes ces appropriations, les intérêts des pauvres ont été systématiquement négligés. Le sol ainsi enclos a été tôt ou tard ajouté aux grands domaines de propriétaires voisins. Des étendues de terre sur lesquelles le public pouvait

exercer de nombreux droits et privilèges ont été une
fois encloses, converties en propriété privée. Non
seulement on a restreint les occasions de récréation
et de plaisir, mais de plus on a enlevé pour toujours à
l'ouvrier qui avait coutume de faire paître une vache
ou picorer des poules sur un *communal*, la chance de
jamais le faire, une fois que le communal aura été
enclos. Ceux qui possèdent des droits sur le communal sont dédommagés en première instance, mais les
bénéfices de l'indemnité s'étendent rarement au delà
de ceux qui l'ont reçue. La petite portion de terre
qui avait été assignée à un pauvre est presque sûre
d'être vendue, tandis que ses droits sur le communal
formaient une propriété inaliénable. Jadis il y avait
avantage à enclore de la terre *non enclose* pour la
mettre en culture, — mais le fait d'enclore est allé
suffisamment loin dans presque chaque localité.
Toute proposition nouvelle de détruire un *commun*
devrait être surveillée avec la plus grande jalousie.
Des terres publiques comme les *communs* deviennent
de plus en plus importantes et de plus en plus précieuses chaque année, dans un pays où la terre est si
rare et si recherchée comme en Angleterre.

Bien d'autres remèdes destinés à améliorer la condition du pauvre ont de temps à autre excité l'attention du public. On peut en éprouver l'efficacité par

des considérations analogues à celles que j'ai développées plus haut. La question d'une importance
primordiale est celle-ci :

Le moyen proposé influera-t-il sur le pauvre de
manière à ce qu'il compte sur sa propre initiative?
Nous verrons que jamais il n'a été plus nécessaire
qu'aujourd'hui de faire cette épreuve. En Angleterre et dans d'autres pays divers projets qui ont
pour objet d'accomplir des réformes économiques et
sociales au moyen de fonds fournis par l'ensemble
des contribuables, reçoivent un appui grandissant.
Si l'on encourage les classes ouvrières à rechercher
cette forme de l'assistance de l'État, des effets désastreux en résulteront parce qu'on affaiblira l'influence
de l'initiative privée et de la confiance en soi.

CHAPITRE II.

Les « Trade Unions, » les Grèves, et le « Co-Partnership. »

Explication des fonctions d'une *trade union*. — Les *trade unions* produisent le plus grand effet sur les salaires, si elles limitent le nombre d'ouvriers employés dans un métier ou dans une branche d'industrie. — On essaie de le faire en limitant le nombre des apprentis. — De telles restrictions, si on les met en œuvre, infligent une grande injustice à la classe ouvrière; elles font hausser le prix des marchandises et peuvent mettre en péril l'existence d'une industrie. — Les *trade unions* ne sont pas nécessairement liées aux grèves. — Les ouvriers ont le droit de s'associer et de se joindre à une grève, à condition de n'user ni d'intimidation ni de violence pour soutenir leur combinaison. — La majorité des ouvriers intelligents sont en faveur des *trade unions*. Effets des *trade unions* sur les salaires. Elles resteraient sans influence si l'effet de la concurrence était instantané; mais la concurrence agit lentement, et dans quelques cas, comme pour les salaires des ouvriers agricoles, elle peut être paralysée indéfiniment. — Les salaires se déterminent de la même manière qu'une transaction entre un acheteur et un vendeur d'une marchandise. Afin d'améliorer leur position réciproque dans l'arrangement de cette transaction, patrons et ouvriers s'unissent à d'autres personnes de leur classe. Ils sont placés ainsi dans une position d'égalité. Ce marchandage implique un antagonisme d'intérêt. Aussi longtemps que les salaires sont fixés par un marchandage, il y aura des grèves, parce qu'en réglant les conditions d'une transaction, il arrivera souvent que l'une des parties refuse d'accepter le prix offert par l'autre. — La conciliation et l'arbitrage sont seulement des remèdes partiels contre les grèves, parce qu'ils ne suppriment pas l'antagonisme d'intérêt entre patrons et ouvriers. — C'est effectué par le *co-partneship* (l'association aux bénéfices). Définition du principe de participation. Avantages qui s'étendent aux patrons et aux ouvriers. Avantages secondaires. Principe adopté par Leclaire et d'autres. Applicable à l'agriculture. Expérience de Lord G. Manners à Newmarket. Le progrès du mouvement sera grandement facilité par l'éducation nationale.

La fréquence des grèves a pendant longtemps été un trait saillant de la condition sociale de l'Angleterre. Les classes laborieuses n'auraient pas toujours été disposées à faire de si grands sacrifices pour supporter une grève, si elles n'avaient pas cru y trouver un remède efficace contre des salaires peu élevés. Le sujet réclame une considération attentive et impartiale. Les préjugés des deux partis dans la querelle sont si forts et les passions excitées si vives, qu'on n'entend guère que des récriminations inutiles et des plaidoyers partiaux.

D'après l'idée populaire, les grèves sont indissolublement unies aux *Trade Unions*, et il est nécessaire tout d'abord d'examiner la question si débattue de savoir quel objet les *Trade Unions* sont destinées à remplir. Une *Commission Royale*, après une enquête consciencieuse, a fait un rapport sur ces associations en 1869. De ce rapport et d'autres sources découlent les conclusions suivantes : les *Trade Unions* servent à deux objets distincts. En premier lieu elles remplissent les fonctions ordinaires d'une société de secours mutuels (*friendly society*). Un membre de l'une de ces sociétés est assisté, lorsqu'il est hors d'ouvrage soit par suite de maladie, soit par suite de stagnation dans l'industrie. Il n'est pas nécessaire de discuter ici les effets d'une *Trade Union*[1] lorsqu'elle sert simplement à des objets charitables. Mais une *Trade Union* est parfois plus qu'une *friendly society*. L'objet principal est en général d'or-

[1] On se tromperait en croyant qu'une grande partie des fonds des Trade Unions soit ordinairement dépensée en grèves. M. F. Harrison, dans un discours qu'il a prononcé à Nottingham en 1883, au Congrès des Trade Unions, a dit que dans les six années 1876-1881, qui furent un temps de grande dépression, sept des grandes associations dépensaient près de 50 millions de francs en secours à des membres hors d'ouvrage; de cette énorme somme seulement, 4 millions ou moins de 9 0/0 furent dépensés en querelles industrielles. Mais même ce chiffre relativement petit, consacré aux grèves, dépasse ce que l'on pourrait considérer comme normal. M. Harrison estime que la dépense pour les grèves monte d'ordinaire seulement à un ou deux pour cent des ressources disponibles des Unions.

ganiser les ouvriers d'un métier en une association suffisamment forte pour imposer diverses règles aux patrons comme aux ouvriers.

Les promoteurs des *Trade Unions* semblent croire décidément que le moyen le plus efficace d'élever les salaires dans un métier particulier, c'est de restreindre le nombre des ouvriers qui y sont employés. Par conséquent beaucoup des règlements de ces sociétés sont conçus avec l'objet spécifique de limiter artificiellement la quantité de travail. Quelques *Trade Unions* par exemple ne permettront pas aux patrons de prendre plus d'un certain nombre d'apprentis.

Dans le métier de chapeliers, ce nombre est limité à deux. Si l'union a assez de pouvoir pour obtenir l'obéissance à ses ordres, toute restriction du nombre des gens instruits dans le métier, exercera une influence mixte pour faire hausser les salaires de ceux qui sont engagés dans cette branche particulière d'industrie. Supposez que ceux qui sont engagés dans la fabrication des chapeaux aient pleine liberté de prendre autant d'apprentis qu'ils veulent, le nombre des ouvriers chapeliers augmentera considérablement en Angleterre. Admettez qu'il y ait 20 0/0 plus d'ouvriers chapeliers alors qu'aujourd'hui. Dans ces circonstances, il y aura un plus grand nombre d'ouvriers concourant pour l'emploi dans le métier, et leurs salaires en seront réduits. L'économie réalisée par une baisse des salaires profitera en dernier lieu aux acheteurs de chapeaux, parce que le prix des chapeaux devra baisser. Les fabricants ne pourront s'approprier l'économie résultant du payement des salaires moindres, et voici la raison : lorsque les frais de production d'un article diminuent, le prix est sûr de baisser d'autant, parce que les gens engagés dans la même branche concourent les uns contre les autres pour le chiffre d'affaires le plus considérable. Dans leur désir de vendre le plus possible, ils offrent la marchandise à un prix dépassant tout juste assez le coût de la production pour leur laisser la marge de bénéfice ordinaire dans le commerce. Ceux qui achètent un article quelconque, sont donc contraints de le payer plus cher et les salaires des ouvriers employés à le fabriquer sont élevés artificiellement, lorsque des restrictions sont imposées, limitant le nombre des ouvriers qu'on peut employer dans ce métier particulier.

Sous aucun prétexte on ne saurait défendre ces restrictions. D'abord cette ingérence dans la distribution du travail national parmi les diverses branches d'industrie, introduit des inégalités très fâcheuses. Le travail dont on prive violemment certaines corporations, est rejeté comme un surplus fort lourd sur d'autres branches d'industrie, et les salaires dans certains métiers sont par suite dépréciés dans la même proportion qu'ils ont haussé dans d'autres. Les membres des associations, qui usurpent de semblables pouvoirs, confisquent virtuellement à leur profit une portion des salaires qu'on paierait à d'autres classes d'ouvriers, si l'industrie n'était pas embarassée de règles aussi arbitraires. L'injustice saute aux yeux. Il nous reste à décrire un tort bien plus criant qui est infligé à ceux qu'une *trade union* empêche de suivre le métier qu'ils auraient choisi, si on les avait abandonnés à leur libre arbitre. Il n'y a pas de droit plus sacré, plus inviolable pour tous, homme ou femme, que la liberté absolue d'exercer le métier ou la profession, dans laquelle ils croient avoir le plus de chances de réussir.

La législation d'un pays devrait assurer ce droit à chacun, car si on en nie l'existence, la liberté individuelle cesse aussitôt. Un tel droit est dénié, quand une personne est empêchée par une *trade union* de s'adonner à un métier particulier. Ce n'est pas une excuse pour les membres de l'union que dire : Notre métier est déjà encombré, les salaires y sont trop bas, il serait désastreux qu'ils pussent être réduits davantage encore par une augmentation dans le nombre de ceux qui cherchent du travail. Chaque homme a le droit de décider pour son propre compte ; il peut vouloir s'engager dans un métier, parce qu'il est doué d'une capacité particulière, et si on l'oblige de prendre une autre vocation, on le prive des avantages du talent dont la nature l'a pourvu. Les *trade unions* peuvent, semble-t-il, faire peser sur les ouvriers une grande tyranie sociale ; l'ouvrier n'est pas seul à en souffrir, toutes les classes de la communauté sont affectées plus ou moins sensiblement. Les *trade unions* peuvent compromettre l'existence même d'une industrie dans un district particulier : les restrictions variées, imposées aux patrons, peuvent augmenter les frais de production et le prix d'un article, au point qu'il devient impossible de concourir avec d'autres du même métier, dont l'activité n'est pas entravée de la même façon. Certaines branches d'industrie ont été expulsées de quelques localités par les *trade unions*. Celles-ci ont été longtemps très puissantes à Birmingham, et à un moment, elles ont dirigé tous leurs efforts contre l'introduction de *machinery*. Ces efforts ont été couronnés de succès, en grande partie, et par suite, lorsqu'on commença à appliquer la vapeur d'une manière générale, les fabriques qui avaient besoin de beaucoup de *machinery*, s'établirent dans d'autres districts; jusqu'à aujourd'hui les manufactures de Birmingham sont en grande partie confinées dans les branches d'industrie qui ont besoin d'une somme de travail manuel considérable plutôt que de *machinery*.

On demandera peut-être comment ces associations exercent-elles une influence comme la leur, lorsque tout le monde sait que la coercition pratiquée ne repose sur aucune sanction légale. Personne ne doute que les membres d'une *trade union* commettent un acte coupable, lorsqu'ils essaient le moins du monde de porter préjudice à quelqu'un qui n'appartient pas à leur société. Bien que de tels excès aient donné à un moment une notoriété peu enviable à la ville de Sheffield, ils sont heureusement fort rares aujourd'hui; cependant dans trop de cas, il est arrivé qu'une *trade union* a maintenu son pouvoir par un terrorisme social, qu'on ne saurait trop regretter. Un *non-union man* est soumis souvent à une telle quantité de petits ennuis, que la vie lui devient à charge; on exerce sur les patrons une pression de la même nature, s'ils font quelque chose de contraire aux règles de la *trade union*. Si un patron est engagé dans une affaire comme marchand de laine (*wool-*

stapling), alors que les *trade unions* y sont fort puissantes, et qu'il emploie des hommes n'appartenant pas à l'association, tous ses autres ouvriers appartenant aux *trade unions*, refuseront aussitôt de travailler pour lui. De cette façon, il sera exposé à de grandes pertes et à de grands désagréments.

Ce ne sont point toutefois les règlements concernant les arrangements intérieurs d'un métier, qui ont attiré l'attention publique si vivement sur les *trade unions*; l'intérêt excité par elles est dû en grande partie à leur corelation avec les grèves. Les unions ouvrières ont essayé de régler les salaires, et elles ont appliqué leur organisation à obliger les patrons à se soumettre à leurs demandes. Par exemple, on propose de réduire les salaires dans une branche d'industrie, où la majorité des ouvriers appartient à une association, — en ce cas, si les meneurs de la société sont d'avis qu'une réduction ne doit pas être faite, ils lancent l'ordre de cesser l'ouvrage plutôt que d'accepter une réduction. Si les patrons insistent encore pour abaisser le taux des salaires, la conséquence immédiate est une grève. Il est évident qu'une *trade union* n'aurait pas besoin d'avoir la moindre connexion avec une grève. S'il n'existait pas de *trade unions*, les grèves n'en pourraient pas moins être fréquentes. Une grève implique une ligue parmi un grand nombre d'ouvriers. Une semblable combinaison n'est possible que si une grande majorité de ceux qui exercent le même métier, conviennent d'agir d'accord. Une action combinée comme celle qu'une grève exige, ne saurait exister, à moins que les ouvriers ne consentent à être gouvernés par une organisation. Les *trade unions* fournissent cette organisation, sans laquelle il ne peut y avoir unité complète d'action. Il se peut toutefois concevoir qu'une *trade union* empêche une grève, et beaucoup de ces sociétés n'ont eu jusqu'ici rien de commun avec des grèves ; cependant aussi longtemps qu'un grand nombre d'ouvriers se feront les avocats ardents du système des grèves, il y aura certainement une relation întime entre les *trade unions* et les grèves.

Une grève exige une coalition, avons-nous dit. En recherchant quels sont les effets des grèves, nous devons demander si des ouvriers, en se liguant, peuvent obtenir des salaires plus élevés. On ne saurait guère disputer qu'ils possèdent parfaitement le droit de s'unir, de se liguer. Ils peuvent abuser de ce droit, et ils en ont abusé ; alors il cesse naturellement d'être justifiable. Si les patrons ont la faculté de placer leurs capitaux de la manière la plus avan-

tageuse, les ouvriers peuvent également prétendre à
ce qu'on leur permette d'obtenir les salaires les plus
élevés possible. Si donc un certain nombre d'entre
eux se résolvent à s'unir et à refuser de travailler
pour le salaire qu'on leur offre, ils sont parfaitement
justifiés de le faire, tout comme le capitaliste est en
droit de refuser d'embarquer ses capitaux dans une
entreprise qui ne lui est pas assez rémunératrice.
Les ouvriers commettent des actes illégaux et mauvais, qui doivent être réprimés avec sévérité, s'ils
s'efforcent de soutenir leur ligue, leur combinaison,
par la force, ou s'ils contraignent des individus à se
joindre à eux, en menaçant de soumettre à des
vexations ou à des violences ceux qui se tiendront à
l'écart. Les ouvriers ont eu parfois recours non seulement à des actes de violence isolés, mais à diverses
espèces de terrorisme social. La justice demande
évidemment qu'on ne fasse pas supporter le blâme
mérité par de tels actes à ceux qui n'ont jamais
abusé du droit d'association. Un nombre croissant
d'ouvriers intelligents se font chaque année, en Angleterre, les avocats de plus en plus convaincus des
trade unions. L'influence de ces associations s'étend
rapidement sur d'autres pays. Il est donc fort important de constater l'effet exercé sur les salaires et
sur la condition générale de l'ouvrier par un usage

légitime et raisonnable du pouvoir de l'association.

Un fait intéressant à relever, c'est que lorsqu'on commença à établir des *trade unions* au début du xix⁰ siècle, elles dirigèrent leurs efforts principalement d'un côté; elles cherchèrent à obtenir la remise en vigueur de certaines restrictions, comme par exemple la limitation du nombre des apprentis, qui avaient été imaginés du temps des reines Marie et Élisabeth. Peu à peu, au lieu de solliciter l'intervention de l'État, les *trade unions* ont manœuvré si heureusement afin de s'émanciper de l'ingérence gouvernementale, qu'à présent en Angleterre le droit d'association est complètement reconnu : les ouvriers ont la faculté de s'associer de toutes les manières qui sont légales pour d'autres personnes.

Lorsqu'on étudie les effets des *trade unions* sur les salaires, il est indispensable de ne pas perdre de vue la distinction fondamentale entre les conséquences permanentes et les conséquences passagères qui résultent de l'action d'un facteur économique. Dans toute branche d'industrie, il y a une certaine position d'équilibre de laquelle les profits et les salaires ont tendance à se rapprocher. Un temps assez long peut être nécessaire pour ramener les profits et les salaires à cette position d'équilibre. Ainsi l'industrie de la laine ne peut continuer d'une façon permanente à être plus profitable que l'industrie du coton, parce que la concurrence du capital attirera peu à peu le capital à s'engager dans l'une et à se retirer de l'autre. La concurrence ne peut exercer cette force égalisante instantanément; il faut un temps considérable pour édifier de nouvelles fabriques de drap; et il y aura beaucoup d'hésitation avant que des gens, habitués à l'industrie du coton, se décident à l'abandonner. Ainsi, une branche pourra continuer pendant des années à prospérer, tandis que dans d'autres branches de l'industrie nationale, il y aura une dépression correspondante.

La concurrence exerce aussi une influence égalisante sur les salaires. Si les salaires dans une branche d'industrie sont exceptionnellement bas, le travail sera peu à peu attiré vers d'autres métiers où la rémunération est plus élevée, il abandonnera les métiers où elle est au-dessous du taux moyen des salaires. Ici encore il faut du temps pour que cette égalisation s'opère. Des travailleurs aimeront mieux se soumettre à une perte temporaire que de changer leur occupation. Une dépense considérable est encourue si un homme doit changer de résidence, afin d'obtenir un nouvel emploi. Dans quelques cas, il arrive que la force de la concurrence soit neutralisée par de tels obstacles, non pas pour un temps limité,

mais pour une période indéfinie. Par exemple, les salaires des ouvriers agricoles sont déprimés d'une
manière permanente au-dessous du niveau moyen.
En voici la raison : la force que la concurrence
exercerait pour relever les salaires, est neutralisée
parce que l'ignorance et la pauvreté empêchent l'ouvrier agricole de se rendre dans les localités où les
salaires sont plus élevés. Ces observations générales
nous permettent de déterminer plus exactement l'influence que le pouvoir de s'associer peut exercer sur
la condition de l'ouvrier.

Si la concurrence agissait spontanément, si en
d'autres termes, les profits et les salaires dans chaque
branche d'industrie étaient toujours à leur taux naturel, on pourrait conclure aussitôt que le pouvoir
d'association ne saurait exercer aucun effet sur les
bénéfices ni sur les salaires. Supposez que l'ouvrier,
en recourant à la grève, obtienne une avance dans le
taux du salaire. Cette hausse ne lui profiterait point,
si la concurrence d'autres ouvriers, désireux de participer à cette hausse, pouvait produire immédiatement un effet égalisant. On ne peut arriver à aucune
conclusion d'une valeur pratique, si l'on ne garde
présent dans l'esprit le mode d'action de la concurrence. Dans toutes les branches d'industrie où la
concurrence du travail et du capital agit librement,

il est impossible d'assurer une élévation de profits
ou de salaires par une coalition des patrons ou des
ouvriers. J'ai fait voir que l'effet égalisant de la concurrence peut être indéfiniment paralysé. Cela a lieu,
pour l'agriculture, dans les comtés anglais où les
salaires sont le plus bas. Lorsqu'une branche d'industrie est dans cette position, il est certain que les
ouvriers peuvent en s'associant obtenir une hausse
permanente des salaires. Supposez que, lorsque les
ouvriers du Dorsetshire gagnent seulement 12 fr. 50
par semaine, ils reçoivent du dehors une assistance
suffisante pour les mettre en état de se maintenir en
grève pendant un temps prolongé. Les fermiers suc-
comberaient probablement dans la lutte. Ils seraient
ruinés si leur terre restait inculte, et comme les salaires payés auparavant sont des salaires minimum,
il serait impossible d'obtenir du travail d'autres
localités, à moins d'offrir l'appât d'une rémunération
plus élevée. Le pouvoir d'association, dans les dernières années, a produit un certain effet pour hausser
les salaires des ouvriers agricoles les plus mal payés,
depuis l'établissement d'unions d'ouvriers agricoles.
Lorsque ces unions se répandront davantage, d'autres
facteurs, comme la migration et l'émigration, agiront
pour faire hausser les salaires. Il reste à examiner
l'influence que le pouvoir d'association peut exercer

sur les salaires et les profits pendant le temps qui s'écoule avant que la concurrence ait pu produire son effet égalisant.

Lorsque des hommes louent simplement leur travail, il est évident que l'ajustement des salaires est analogue au marchandage, qui se fait entre le vendeur et l'acheteur d'une marchandise. Le prix de vente d'un article se rapproche du prix de revient, auquel s'ajoute le transport jusqu'au marché ; cependant le prix auquel la vente a lieu, peut être influencé par diverses circonstances qui peuvent placer l'acheteur dans une position meilleure ou pire que le vendeur, pour marchander.

De même les salaires en dernier lieu dépendent du montant du capital et du nombre des ouvriers ; cependant les salaires qui, à un temps donné, sont payés dans un métier particulier, sont considérablement influencés par les avantages relatifs que les patrons et les ouvriers possèdent pour conduire le marchandage qui ajuste les salaires. La question est donc de savoir : les ouvriers en s'unissant ou en montrant qu'ils ont le pouvoir de s'unir, améliorent-ils leur position dans cette transaction ?

On sait fort bien que les patrons dans diverses branches agissent fréquemment ensemble, par association. Par exemple les *iron-masters* dans les comtés du centre, tiennent des réunions trimestrielles, dans lesquelles ils fixent l'échelle des salaires et des prix. Chaque *iron-master* se considère comme obligé d'agir strictement d'accord avec l'échelle convenue. Si l'un d'eux désobéissait aux décisions de la réunion, il serait soumis non pas à des violences personnelles, mais à un terrorisme spécial analogue à celui qui sert souvent aux *trade unionists* pour maintenir leur organisation. Le *iron-master* récalcitrant serait injurié par les gens de sa classe ; on essaierait probablement de ruiner quelqu'un dont la conduite serait supposée funeste aux intérêts de sa classe. Il est impossible de comprendre entièrement les effets résultant d'une union, d'une coalition d'ouvriers, si l'on ne se souvient que leurs patrons forment des associations semblables.

Supposez que les *iron-masters*, à l'une de leurs réunions décident, vu l'état prospère de l'industrie, de faire avancer les salaires de 10 0/0. Comme ils ne sont pas infaillibles, ils n'ont pas décrété une hausse aussi considérable que le comporte la situation. Les salaires auraient pu être élevés de 20 0/0, sans empiéter indûment sur les profits. Un ouvrier convaincu qu'une hausse de 10 0/0 n'est pas suffisante, réclame davantage de son patron. Le patron, qui a conclu un pacte avec les gens de sa classe relativement au taux des salaires, doit de suite comprendre la position avantageuse qu'il occupe en résistant à la demande de ses ouvriers, si ceux-ci n'ont pas d'organisation pour une action combinée. Il sait que si l'un d'eux refuse de travailler, il sera incapable d'obtenir des salaires plus élevés des autres patrons dans la localité, parce que, par une convention antérieure, une taxe uniforme des salaires prévaut. Un ouvrier a rarement mis de côté assez pour pouvoir s'entretenir lui-même un temps indéfini sans travailler; il fait un grand sacrifice s'il cherche une autre occupation à laquelle il n'est pas accoutumé et cela surtout au moment où son propre métier peut être dans un état de prospérité extraordinaire. Il semble donc que la transaction qui se fait pour ajuster les salaires, implique une lutte ou un conflit d'efforts entre patrons et ouvriers; dans ce conflit, de grands avantages appartiennent à ceux qui peuvent agir de concert, sur ceux qui agissent individuellement. La vérité se perçoit plus clairement encore en considérant ce qui, dans l'exemple pris plus haut arriverait, si les ouvriers s'unissaient pour demander une plus grande hausse de salaire. Supposez que dans l'industrie du fer, il y ait une puissante *trade union*, que tous les ouvriers du district y soient affiliés, et qu'ils soient aussi bien organisés que leurs patrons. Les représentants de cette *trade union* sentiront qu'ils sont placés sur un pied d'égalité avec leurs patrons, lorsqu'ils demandent une hausse des salaires. Le patron sait aussi que comme dernière ressource, les ouvriers auront recours à la grève. Celle-ci suspendrait les affaires, et cela à un moment où l'industrie est en pleine prospérité, où elle réalise des bénéfices exceptionnels. La perte et les ennuis infligés aux patrons par les ouvriers seront un motif puissant de céder aux prétentions des ouvriers, si la concession peut être faite en bonne justice. Chaque partie à la transaction serait placée sur un terrain d'égalité, dans l'arrangement des termes [1].

[1] Voici quelques détails assez curieux sur les coalitions de producteurs aux États-Unis afin de régler artificiellement les prix. Ces combinaisons sont nombreuses ; elles se pratiquent, au grand dommage des consommateurs et des ouvriers, dans toutes les branches imaginables. On peut faire une liste qui comprendra les producteurs d'allumettes, de biscuits, de papiers, de cercueils, de charbons, de rails d'acier. On connaît les restrictions permanentes et systématiques qui pèsent sur l'extraction du charbon ; les compagnies de chemins de fer, propriétaires de mines, préviennent la concurrence en élevant le tarif d'une manière prohibitive. Afin de maintenir le prix élevé des rails d'acier, pendant plusieurs années l'usine Vulcan, à Saint-Louis est restée fermée, ses propriétaires recevaient 2 millions de francs par an pour ne pas fabriquer de rails. Il est bien entendu qu'on ne payait rien aux ouvriers pour ne pas travailler. On pourrait citer une association de fermiers, qui ont essayé de maintenir le prix du lait à New-York. Cela a mené à la guerre du lait, qui a duré près de 12 mois et a fini en mars 1883. Afin de diminuer l'excès de production, des comités attendaient l'arrivée du lait aux

Dans l'exemple que nous avons choisi, on a supposé que les patrons n'offrent pas du premier coup une élévation suffisante des salaires. Il arrive souvent aussi que les travailleurs se trompent de leur côté et réclament un taux de salaires, qu'on ne peut en bonne justice leur concéder. La seule garantie contre de semblables erreurs, c'est la perte considérable infligée à la fois aux maîtres et aux ouvriers par ces disputes industrielles. Il est difficile d'évaluer exactement les pertes subies par les uns et par les autres, du fait d'un chômage. Les patrons ont non seulement une grande partie de leur capital oisif, mais encore ils courent le risque qu'une partie considérable de leurs affaires passe à d'autres localités. Lorsque la fabrication est reprise, beaucoup d'anciens ouvriers ont quitté le district et leur place est occupée par des ouvriers inférieurs.

Pendant une grève les travailleurs endurent souvent les plus cruelles privations. Les économies de plusieurs années sont dépensées, la détresse est si aiguë, qu'il faut même vendre des pièces de l'ameublement. Toute cette souffrance est aggravée par les

diverses stations. On achetait le produit de ceux qui n'avaient pas voulu s'associer, et on le répandait sur le sol. Les acheteurs de chiffons ont formé une association, et ils s'interdisent de modifier les prix convenus sans se mettre d'accord les uns avec les autres. (Note du traducteur.)

pertes infligées aux patrons, parce que si une grande quantité de capital est sacrifiée dans le conflit, il restera moins à distribuer en salaires, lorsqu'on reprendra le travail.

Il est incontestable que, dans la majorité des grèves, les patrons ont été assez puissants pour ne pas accorder les concessions demandées. Non seulement les ressources supérieures des patrons leur permettent de continuer la lutte pendant plus longtemps, mais encore les ouvriers sont des tacticiens si maladroits qu'ils se mettent en grève non pour obtenir une hausse de salaire lorsque l'industrie est en pleine prospérité, mais pour empêcher une réduction dans les temps de crise. Dans les moments de dépression, la suspension de la fabrication, le chômage, peuvent être un avantage plutôt qu'une perte pour le patron. Aussi, en de semblables circonstances, la perspective d'une grève ne renferme pas une menace aussi formidable que lorsque l'industrie est active.

Du contenu de ces remarques, il semble que des grèves soient inséparablement associées à notre système économique actuel. Aussi longtemps que les relations entre le patron et l'ouvrier continueront à être analogues à celles qui existent entre le vendeur et l'acheteur d'une marchandise, il arrivera souvent qu'une partie refusera d'accepter le prix offert par l'autre pour le travail ; si l'on persiste dans le refus, une grève s'ensuivra. Si l'on envisage les grèves à ce point de vue, il n'y a pas à espérer que la législation puisse les empêcher, pas plus qu'on ne pourrait forcer des marchands à vendre leurs marchandises, si on leur offrait des prix insuffisants. La conciliation et l'arbitrage peuvent faire certainement quelque chose pour détourner ou rendre plus rares les disputes qui s'élèvent entre patrons et ouvriers[1]. Un maître qui témoigne un grand intérêt personnel au bien-être de ses ouvriers, est d'ordinaire en état de régler à l'amiable toute difficulté qui surgit relativement aux salaires. L'expérience a montré aussi que l'établissement de cours d'arbitrage permet sou-

[1] Une méthode connue sous le nom d'échelle mobile a été en opération depuis plusieurs années, dans l'industrie de la houille et du fer, dans le nord de l'Angleterre, et elle a réussi à prévenir des grèves. On rend les salaires payés dans ces industries, dépendant du prix du charbon et du fer, et la relation particulière entre les salaires et les prix, autrement dit l'échelle, est ajustée tous les deux ans. Ce plan est surtout applicable aux industries, dans lesquelles une augmentation ou une diminution des bénéfices dépend d'une hausse ou d'une baisse des prix. Dans nombre d'industries, cette relation entre les prix et les bénéfices n'existe pas. Dans le *cotton trade*, par exemple, l'industrie est la plus active et les bénéfices les plus élevés, lorsqu'il y a une grande abondance de matière première et que les marchandises fabriquées peuvent être vendues à bas prix.

vent d'arranger des litiges industriels, sans qu'on ait recours à l'expédient désastreux d'une grève. L'efficacité de ces cours dépend en grande partie du bon choix d'un *Umpire*. Il est d'usage que patrons et ouvriers aient un nombre égal de représentants dans ces cours. La décision suprême doit donc parfois être faite par l'*Umpire* ou *Referee*, qui doit être une personne absolument au-dessus du soupçon de partialité.

De semblables moyens, comme la conciliation personnelle et des cours d'arbitrage, bien qu'exerçant une influence bienfaisante, ne fournissent pas un remède absolu contre les grèves. Ces disputes doivent être considérées comme la conséquence naturelle des relations actuelles existant entre patrons et ouvriers. Afin d'obtenir un remède complet, il sera nécessaire de supprimer l'antagonisme d'intérêt qui subsiste à présent entre les uns et les autres. Il faudra adopter une méthode, qui fera sentir aux ouvriers et aux patrons que leurs intérêts sont identiques. Il est vrai sans doute que tous ceux qui sont engagés dans une entreprise ont un intérêt commun à sa prospérité, mais les arrangements économiques actuels ont un grave défaut : la quantité d'avantage ou de désavantage, résultant d'une condition de prospérité ou d'adversité pour les patrons et les ouvriers, n'est pas arrangée suivant un plan défini, — elle est réglée trop souvent dans un conflit ardent d'intérêts pécuniaires rivaux. Diverses méthodes ont été essayées avec un succès considérable, méthodes qui corrigent le défaut en question et qui introduisent un système de *co-partnership* ou de partage des bénéfices entre patrons et ouvriers. Ces méthodes sont fondées sur le principe général que voici : l'ouvrier ne doit pas travailler simplement en location, il doit participer aux bénéfices qui sont réalisés avec son travail. On a fait voir que le pouvoir de s'unir permet aux ouvriers de participer plus sûrement aux bénéfices salariés dans les moments d'activité industrielle. Il semblerait par cela que le pouvoir d'association établit d'une manière violente, par force, un *co-partnership* entre les ouvriers et les patrons. Si ce fait était reconnu d'une façon générale on pourrait s'attendre à voir le principe de participation s'introduire dans l'industrie anglaise. En vue de montrer qu'il n'y a pas de difficultés pratiques insurmontables pour entraver l'introduction, je vais donner quelques-uns des cas où elle a été appliquée. L'une des premières tentatives a été faite à Paris par un peintre-décorateur, M. Leclaire. Cet essai bien connu est important, parce que les résultats en ont été constatés par les témoignages les plus

exacts. En 1840, M. Leclaire employait 300 ouvriers,
— la négligence et l'apathie de ses ouvriers l'exposaient sans cesse à des pertes et à des ennuis. Il résolut d'essayer de rendre le travail plus efficace, en donnant aux ouvriers un intérêt pécuniaire dans l'ouvrage qu'ils avaient à faire.

Il calcula que chaque ouvrier, en travaillant avec plus de zèle, pourrait sans augmenter le nombre des heures de travail, produire un surplus de besogne équivalent à 60 centimes par jour, et que de plus, 25 centimes pourraient être économisés par jour, par chaque ouvrier, s'il mettait plus de soin et d'attention à user ses outils et ses couleurs.

En 1842, agissant sur ces calculs, il assembla ses ouvriers et leur dit qu'il se proposait de leur donner la totalité de ces 85 centimes ou 250 francs par an, s'ils voulaient les gagner; il surmonta les doutes et les soupçons, avec lesquels sa proposition fut accueillie au premier abord, en partageant sur place avec les 44 ouvriers, qu'il reconnaissait en droit d'y participer, les profits de l'année écoulée. Dès ce moment, le succès de la tentative fut assuré. Les ouvriers furent convaincus de la sincérité de Leclaire, et cette tentative, qui est fondée sur un supplément de production donnée au travail par la participation au bénéfice, a été un succès remarquable. Une société de secours mutuels fut établie pour donner à tous ses membres des pensions et des annuités lorsque l'âge ou la maladie les rend incapables de travailler. Le succès du système dont Leclaire eut le mérite de l'initiative, est démontré par le fait qu'il fut organisé de façon à pouvoir se passer des soins de son auteur. Leclaire mourut en 1872; mais la maison Leclaire a maintenu sa prospérité; le chiffre des affaires et la part de bénéfices attribuée au travail, sont allés en augmentant d'une manière continue.

Un autre exemple peut être cité : la Compagnie du chemin de fer de Paris à Orléans, distribue une certaine partie du bénéfice réalisé parmi les employés de la Compagnie, et les directeurs sont unanimes à affirmer que le plan a admirablement réussi. La somme distribuée équivaut à environ 10 0/0 des salaires, les salaires payés étant les mêmes que ceux en vigueur sur les autres lignes françaises. Ce système a fonctionné sans interruption depuis 1844, et la somme totale, reçue par les employés de la Compagnie, entre 1844 et 1880, comme part de bénéfices, s'élève à près de 60,000,000 de francs.

Le fait que M. Leclaire et d'autres ont été abondamment récompensés pour la part de bénéfices allouée aux ouvriers, mérite une attention particulière. Cela montre que l'association au bénéfice n'exige pas du patron un sacrifice en faveur de ses ouvriers, mais au contraire que les uns et les autres en profitent également. L'efficacité du capital et du travail doit augmenter grandement si les relations entre patrons et ouvriers s'améliorent, et lorsque le travail et le capital sont plus efficaces, il y a davantage à distribuer en salaires et en bénéfices. Une erreur commise fréquemment consiste à croire que la part de bénéfices assignée au travail représente autant d'enlevé au revenu du capitaliste. La commission royale, qui en 1869 a présenté un rapport sur les *trade unions*, n'a pas apprécié les avantages résultant de « co-partnership » parce qu'elle a supposé que la part de bénéfice reçue par l'ouvrier était enlevée au patron. S'il en était ainsi, aucun avantage particulier ne serait attaché à ce système, parce qu'il n'y aurait pas d'identité d'intérêt établie, si ce que l'ouvrier gagne était perdu par le capitaliste. Les avantages fondamentaux du *co-partnership* proviennent de la circonstance que le bienfait conféré est réciproque ; la part de profits reçue par l'ouvrier est la mesure du gain obtenu par le patron comme conséquence de l'efficacité additionnelle donnée au capital et au travail, par l'introduction de l'accord et de l'harmonie là où régnaient auparavant l'antagonisme et la rivalité d'intérêts. On peut se faire une idée de l'énorme économie qu'on réaliserait. Non seulement les pertes infligées à l'industrie par les grèves et les chômages seraient évitées, mais une grande quantité de gâchage serait prévenue. Les patrons se plaignent constamment des pertes que leur causent la négligence et l'apathie de leurs ouvriers. Une grosse somme est dépensée à surveiller les ouvriers, de façon à ce que la besogne ne soit pas gâchée. Dans quelques branches d'industrie, il est impossible d'obtenir un contrôle suffisant : le travail est trop dispersé. C'est spécialement le cas dans l'agriculture, et en ce genre de travaux le système *co-partnership* pourrait s'appliquer avec un maximum d'avantage. On peut affirmer avec confiance qu'un fermier augmenterait considérablement ses bénéfices, s'il consentait à allouer une part de son profit à ses ouvriers. Après leur avoir payé les salaires courants et mis une somme raisonnable de côté comme intérêt du capital et comme rémunération de son travail de *superintendance*, il pourrait convenir de distribuer aux ouvriers une partie, la moitié par exemple, de tout profit qui aurait été réalisé au delà. Si la part de chaque ouvrier dans ce boni était déterminée par le montant total des salaires qu'il aurait gagnés, la plus forte somme serait obtenue par ceux qui sont les meilleurs ouvriers. Un pareil arrangement stimulerait puissamment l'énergie des ouvriers qui sont aujourd'hui lents dans leurs mouvements et indifférents à leur besogne, parce qu'excepté dans le travail à la pièce, ils n'ont aucun motif de s'appliquer plus qu'ils n'y sont strictement obligés. D'autres méthodes de *partnership* industriel ont été adoptées avec succès, assurant une union plus complète entre le capital et le travail. Dans les dernières années, la pratique s'est étendue rapidement non seulement d'accorder aux ouvriers une part dans les bénéfices, mais encore de leur permettre de placer des capitaux dans l'entreprise où ils sont employés. Lorsque la grande fabrique de tapis de Messrs Crossley, à Halifax, fut transformée en Société anonyme, un quart des actions furent *preferentially* offertes aux ouvriers de la fabrique. Cet arrangement, en permettant aux ouvriers de devenir copropriétaires de l'entreprise, leur donne un intérêt bien plus direct dans la prospérité de l'affaire, que s'ils avaient été employés comme des ouvriers ordinaires. Une autre expérience fort intéressante est celle de Messrs Briggs, dans leurs charbonnages de Methley, près Leeds[1]. Dans ce cas,

---

[1] De 1865 à 1874, l'admission des ouvriers aux bénéfices a été pratiquée dans le charbonnage de MM. Briggs et C°. Pendant les dix années antérieures à 1865, il y avait eu quatre grèves, qui s'étaient

les ouvriers n'ont pas eu seulement les chances
d'acheter des actions de la Compagnie, mais après
qu'un dividende de 10 0/0 eut été distribué aux ac-

prolongées pendant soixante-dix-huit semaines (ensemble elles
avaient duré un an et demi). Il est facile de calculer les pertes
infligées aux patrons et aux ouvriers. Ce fut le mobile qui porta
MM. Briggs et C° à essayer de la participation comme d'un remède
pour rétablir l'harmonie entre eux et leurs travailleurs. L'entreprise
fut transformée en société anonyme, — l'exploitation, matériel, etc.,
étant acquis par celle-ci au prix d'inventaire. Les propriétaires gar-
daient les deux tiers du capital, le reste des actions fut cédé aux
employés et aux clients du charbonnage. On stipula que le bénéfice
dépassant 10 0/0 serait partagé par moitié entre les actionnaires et
les ouvriers. La part de chaque ouvrier était proportionnée à son
salaire. La première année on distribua 2 0/0 au delà des 10 0/0, —
1,800 livres revinrent aux ouvriers. De 1867 à 1872, on répartit
entre les ouvriers 18,047 livres dont ils n'auraient pas eu un penny
si la société par actions n'avait pas été fondée. En 1871 et 1872,
commença l'essor de l'industrie, qui fit monter le prix du charbon.
Le salaire des ouvriers de Briggs et C° fut augmenté de 27 à 30 0/0,
en dehors de leur part de bénéfice, — en même temps on élevait à
15 0/0 le taux du dividende, au delà duquel commençait le partage.
En 1873 et 1874, on n'en distribua pas moins 20,034 livres aux ouvriers. Pendant le temps que l'arrangement fut en vigueur, ils reçurent 40,151 liv st. (plus d'un million de francs).

L'arrangement cessa, parce que les ouvriers ne purent se rendre
compte des avantages de la participation industrielle dans le moment
où les salaires tendent à hausser. Ils furent aveugles par la prospérité présente et sacrifièrent l'avenir. MM. Briggs furent forcés
par les prétentions de leurs ouvriers d'abandonner le système
inauguré.

Je renvoie ceux que la question intéresse spécialement au petit
volume de M. Seddley Taylor, « *Profit Sharing between Capital
and Labour* », chez Kegan Paul et C°, Londres, 1884.

(Note du traducteur.)

tionnaires, on divisait à titre de boni la moitié du bénéfice restant parmi les ouvriers. Chaque ouvrier était de la sorte directement intéressé au succès de l'entreprise. Pendant plusieurs années l'expérience a été poursuivie avec succès. Les disputes industrielles, qui auparavant avaient été fréquentes, cessèrent entièrement, et les ouvriers étaient encouragés à déployer le plus de zèle possible par la perspective de s'assurer une part des bénéfices. La hausse inouïe dans le prix de la houille en 1872 apporta une prospérité si soudaine à l'industrie minière qu'elle troubla malheureusement l'harmonie des relations entre ouvriers et patrons à Methley. Une querelle s'éleva pour savoir dans quelle proportion le capital et le travail devaient participer à ce bénéfice extraordinaire, et le principe de l'association aux bénéfices a été abandonné. Il ressort de ce qui s'est passé à Methley que le *profit-sharing* semble avoir le plus de chance de succès dans les transactions d'industrie qui ne sont pas exposées à de grandes et soudaines fluctuations dans leur prospérité. Cette considération conduit à la conclusion que ce système pourrait être appliqué avec de grands avantages à l'agriculture. Un essai de ce genre a été tenté, il y a quelques années, avec un véritable succès, par feu Lord G. Manners, sur une ferme qu'il cultivait dans ses domaines près de Newmarket. Le plan adopté était fort simple et ressemblait dans ses parties essentielles à celui de M. Leclaire, à Paris. Les ouvriers recevaient les salaires courants dans le district, mais il avait été convenu que, si grâce à plus d'activité ou à plus d'habileté de leur part, des bénéfices supplémentaires étaient obtenus, une partie de ces bénéfices leur seraient distribués à titre de bonification sur leur travail. Lord Georges Manners mourut malheureusement avant que l'essai eût fonctionné pendant longtemps, mais il s'exprimait avec confiance touchant le succès permanent et affirmait qu'il serait également avantageux au maître et aux ouvriers.

On peut espérer que ces associations au bénéfice se répandront avec assez de rapidité pour modifier d'une manière fondamentale les relations économiques entre patrons et ouvriers. Il est hors de doute, comme nous l'avons déjà fait observer, que ce mouvement trouvera un auxiliaire puissant dans l'éducation nationale. Tous ces plans divers exigent que les hommes aient un degré plus ou moins grand de confiance les uns dans les autres; la méfiance et le soupçon sont toujours des traits caractéristiques d'un développement intellectuel inférieur.

Enfin on peut espérer qu'il y aura un assez grand progrès moral et social pour permettre qu'une union parfaite s'établisse entre le travail et le capital. On l'assure lorsque les travailleurs fournissent tout le capital nécessaire pour exercer l'industrie dans laquelle ils sont engagés. Lorsque ce résultat est atteint, c'est la coopération sous sa forme la plus haute.

La coopération est un sujet si important qu'il est nécessaire de lui consacrer un chapitre à part.

CHAPITRE III.

Coopération.

La coopération existe dans des formes complètes, lorsque les ouvriers fournissent le capital dont leur industrie a besoin. — Beaucoup de magasins, appelés coopératifs, ne sont pas vraiment coopératifs, parce qu'ils distribuent le bénéfice entre les actionnaires et les clients, sans donner une part au travail. — Origine du mouvement coopératif en Angleterre. Histoire des pionniers de Rochdale. Dans les magasins de Rochdale, on fait payer les prix de détail courants, et les profits sont répartis entre les clients, en proportion de leurs achats, à la fin du trimestre. Dans les *Civil Service stores*, les clients reçoivent leur part de bénéfice par le rabais sur le prix des marchandises. — Les magasins coopératifs ne donnent pas de crédit. Avantages énormes. — La *Wholesale society* fondée pour fournir les marchandises aux *stores*. Cette société fabrique beaucoup des marchandises qu'elle vend. — Production coopérative. Progrès des *cotton mills* coopératifs. — La question de savoir si le travail a droit à une part du profit des sociétés coopératives, n'est pas résolue. — Il est bien plus facile d'appliquer la coopération à la distribution qu'à la production. — La production coopérative a fonctionné sur une plus vaste échelle à Paris qu'en Angleterre. — Avantage d'appliquer la coopération a l'agriculture. Les fermes coopératives de M. Gurdon, à Assington. — *Cooperative banking.* Les sociétés de crédit fondées en Allemagne par Schulze-Delitzsch. — Lois qui ont empêché le développement de la coopération en Angleterre. — Description de quelques entreprises qui sont en partie coopératives, comme les *building societies.*

Il a été souvent fait allusion, dans les pages précédentes, au fait qu'en Angleterre comme dans la plupart des pays, le capital et le travail dont l'industrie a besoin, sont généralement fournis par deux classes distinctes, le patron et l'ouvrier ou employé. On dit que l'industrie est exercée sur le principe coopératif, lorsque ces deux classes sont fondues en une seule, et lorsque le capital qui est nécessaire à la production et à la distribution de la richesse, est fourni par ceux qui livrent le travail requis. Ainsi une manufacture de coton serait convertie en une entreprise purement coopérative, si les ouvriers employés était capables de souscrire entre eux une somme suffisante pour acheter l'établissement et continuer l'affaire pour leur propre compte. De même une boutique de détail ordinaire deviendrait coopérative, si le local et le stock étaient la propriété de ceux qui servent dans le magasin, des garçons et d'autres engagés à faire marcher les affaires. La grande majorité des sociétés, qu'on désigne en Angleterre, sous le nom de coopératives, diffèrent essen-

tiellement de la fabrique et du magasin coopératif
que nous venons de décrire. On a rarement appliqué
la coopération à la production de la richesse. Probablement neuf dixièmes des sociétés coopératives
existantes se livrent à ces opérations de détail, qui
ont pour objet de distribuer plutôt que de produire.
Ces sociétés distributives, qu'on connaît aujourd'hui
généralement sous le nom de *cooperative stores*, sont
défectueuses dans le trait essentiel et caractéristique
de la coopération, parce qu'elles n'établissent pas
une union, une fusion du capital et du travail. Dans
ces *stores* le capital appartient aux clients et aux actionnaires, à qui l'on distribue les profits réalisés, —
ceux qui fournissent le travail n'obtiennent dans
beaucoup de cas aucune part de bénéfices.

En faisant ressortir que ce titre « coopératif » est
donné à beaucoup d'entreprises, qui ne sont pas conduites conformément à des principes strictement
coopératifs, il ne faudrait pas supposer que je rabaisse
le grand bienfait que la coopération, même sous cette
forme modifiée, a conféré non seulement aux classes
ouvrières, mais à la communauté en général. Le mouvement coopératif n'est sans aucun doute que dans
l'enfance : en traçant son rapide développement durant les dernières années, je chercherai non seulement
à faire valoir les grands avantages qui en sont déjà

le résultat, mais j'essaierai aussi d'expliquer pourquoi l'on pourrait compter sur la coopération plus que sur tout autre facteur économique, pour accomplir une amélioration marquée et permanente dans la condition sociale et industrielle du pays.

L'un des premiers *cooperative stores*, l'un de ceux qui ont le mieux réussi a été établi en Angleterre, il y a quarante ans ; son origine a été si humble, que c'est à peine s'il a attiré l'attention à ce moment. En 1844, il y avait, paraît-il, une grande dépression dans l'industrie de la flanelle, à Rochdale, et les salaires des tisseurs étaient fort réduits ; quelques-uns de ceux-ci semblent avoir réfléchi sur le fait que leurs maigres salaires étaient encore plus insuffisants, parce que les articles qu'on leur vendait dans les boutiques de détail, étaient coûteux et souvent falsifiés : vingt-huit de ces pauvres tisseurs convinrent de s'associer ensemble, de réunir la somme nécessaire pour acheter un peu de thé et de sucre à un magasin en gros. Après avoir fait ainsi, chacun d'entre eux fut pourvu de thé et de sucre sur ce stock commun, payant comptant et au même prix que celui du magasin en gros. Ils ne comptaient pas sur un profit considérable ; l'objet qu'ils avaient en vue était moins d'obtenir un bon placement que d'éviter d'acheter cher de la marchandise falsifiée. Mais ils trouvèrent qu'un gros profit avait été réalisé. Le grand avantage du plan devint évident : d'abord ils eurent un placement lucratif pour leurs économies, de plus ils obtenaient du thé et du sucre de bonne qualité à un prix égal à celui qu'ils avaient payé autrefois pour ces marchandises, alors que la qualité en était gâtée par toute sorte d'additions frauduleuses. Les tisseurs, leur stock épuisé, achetèrent un second approvisionnement de sucre et de thé. D'autres ouvriers furent promptement attirés à se joindre à l'entreprise et à y placer leurs économies.

En 1856, cette société devenue célèbre sous le nom de Pionniers de Rochdale, possédait un capital d'environ 12,900 livres. L'affaire n'était plus limitée à l'épicerie : on vendait du pain, de la viande et des vêtements sur le même principe. Le capital augmentait si rapidement, qu'on put bientôt établir des moulins à vapeur fort coûteux ; on s'était assuré par là une provision de pain excellent. Pendant beaucoup d'années, cette société a fréquemment attiré l'attention publique ; elle s'est développée en une vaste institution commerciale, qui embrasse une grande variété de branches. Elle occupe aujourd'hui dix-huit succursales à Rochdale, en dehors du bâtiment central qui a été construit en 1867 à un prix d'environ 14,000 livres. Le capital en actions de ces *stores* a

grandi si rapidement qu'il est plus que suffisant pour
l'affaire. Du rapport annuel de 1882, il résulte que la
société des Pionniers compte 10,894 membres; les marchandises vendues cette année s'élèvent à 274,627 £
et les profits à 32,577 £. Après avoir payé un dividende
fixe de 5 0/0 sur le capital, le reste des bénéfices est
distribué aux clients des *stores* proportionnellement
au total de leurs achats. Ce boni est parfois reçu
comptant; le plus souvent il est replacé comme capital dans la société. Comme nous l'avons dit, un
capital excédant les sommes nécessaires à l'affaire
s'est accumulé. En 1882, il dépassait 315,243 livres.
Ce capital est placé de diverses manières; une partie
sert à soutenir d'autres sociétés coopératives, une
partie est en actions de compagnies de chemins de
fer de premier ordre; une autre est donnée en hypo-
thèques à des membres, principalement sur des maisons occupées par eux.

Le remarquable succès, obtenu à Rochdale, a naturellement amené à établir des *stores* semblables dans
tout le pays. Dans bien des villes manufacturières du
nord de l'Angleterre, les classes ouvrières achètent
seulement à ces dépôts; les *stores* n'ont pas été établis
seulement dans les grandes villes, on en trouve fréquemment dans les villages agricoles. En excluant
les grands *stores* de Londres, comme le *civil Service*,

Army and Navy, il y a 782 *stores* coopératifs de détail en Angleterre, et le montant annuel de leurs ventes s'élève à 13,868,498 livres. Les profits réalisés sont répartis non parmi les employés, mais parmi les clients et les actionnaires. La méthode particulière de distribuer les profits, qui a été adoptée dans presque tous les *stores*, est excessivement simple; c'est celle qui a été à l'origine adoptée à Rochdale, que nous allons décrire à présent. Chaque client, lorsqu'il fait un achat, reçoit certaines marques d'étain, qui indiquent la somme à laquelle montent les achats. Les comptes sont arrêtés à la fin de chaque trimestre, et après qu'un dividende fixé au taux de 5 0/0 par an a été assigné au capital, les profits en plus sont partagés entre les clients, en proportion du montant de leurs achats. Chaque client apporte les marques d'étain, qui servent à rappeler la somme qu'il a payée, les marchandises sont vendues aux prix qui sont courants dans les magasins de détail ordinaires. Les transactions se font strictement sur le système du paiement comptant. Sous aucun prétexte on ne donne de crédit. L'attachement strict à cette règle a contribué plus que toute autre circonstance au succès remarquable des *stores*. Dans les principaux magasins coopératifs de Londres, les affaires sont menées sur un plan différent. On adhère rigoureusement à la règle de ne donner aucun crédit, mais les clients au lieu de recevoir leur part de bénéfices à la fin de chaque trimestre, obtiennent les marchandises à des prix inférieurs à ceux qu'on compte dans les magasins de détail ordinaires. La méthode de distribution adoptée à Rochdale est préférable certainement, lorsque, comme dans la majorité des *stores*, le gros des clients appartient aux classes ouvrières. Il est évident que la part de bénéfices d'un individu sera probablement plutôt économisée s'il la reçoit en un coup à la fin du trimestre, que s'il a le moyen d'économiser par sommes insignifiantes, toutes les fois qu'il fait un achat. L'expérience montre en effet que d'ordinaire on laisse comme placement dans la société coopérative, la somme qu'on a à recevoir à la fin du trimestre. Le goût de l'épargne est singulièrement développé de la sorte, car beaucoup de personnes deviennent peu à peu, grâce à l'accumulation de ces petits placements, les possesseurs d'un capital considérable. C'est un exemple frappant de ce que les classes ouvrières peuvent accomplir par leurs propres efforts, sans assistance.

Depuis longtemps la société des Pionniers de Rochdale a l'habitude de consacrer 2 1/2 0/0 des bénéfices nets à des objets d'éducation. Les *Rochdale Pioneers* ont pu de la sorte ouvrir 18 salles de lecture de journaux dans leurs divers établissements; ils ont formé d'excellentes bibliothèques de référence et *circulating*, qui renferment plus de 15,000 volumes; ils ont fondé et subventionnent en grande partie des cours suivis par 500 élèves pour l'enseignement des sciences, des langues et des arts industriels.

Rien n'a contribué au succès des sociétés coopératives autant que la stricte adhérence au principe d'exiger le paiement comptant. Grâce à cela, il n'y a d'abord pas de mauvaises dettes. Rien n'entrave autant le succès du marchand en détail que la perte qu'il subit par suite de mauvaises dettes; il est sûr, s'il donne du crédit, d'avoir une forte somme de capital immobilisée en dettes inscrites sur ses livres. En second lieu, il est évident que si toutes les marchandises vendues sont payées sur-le-champ, un maximum d'affaires peut être fait avec un minimum de capital. On voit par les comptes rendus des *stores* que dans l'année, le chiffre d'affaires représente dix fois le capital, celui-ci est donc *turned over* dix fois et au delà. En troisième lieu, on doit remarquer que, lorsqu'on n'accorde pas de crédit à ses clients, on n'a pas besoin d'en prendre pour soi. Les directeurs de ces entreprises peuvent payer comptant toutes les marchandises qu'ils achètent. Par conséquent, ils les obtiennent au plus bas prix possible, et ils ont aussi,

comme on l'a dit, la primeur du marché. Il y a
d'autres nombreux avantages encore qui résultent
de l'adoption du principe de ne pas donner de crédit.
La facilité avec laquelle, dans les magasins de détail,
on laisse les gens faire des dettes, est un encouragement désastreux à l'imprévoyance. Le crédit, comme
on l'a dit, est bien le grand fléau des classes ouvrières. Lorsqu'un homme est criblé de dettes, non
seulement il devient trop souvent insoucieux, indif-
férent à tout, mais encore il cesse en quelque sorte
d'être un agent libre. Le boutiquier auquel il doit de
l'argent, peut le forcer de continuer à faire des affaires avec lui, et il peut lui compter des prix extra-
vagants pour des articles tout à fait inférieurs. Sous
un système de crédit, les gens honnêtes, qui paient
leurs achats, se voient compter des prix plus élevés
qu'il ne faudrait, afin de dédommager le négociant
des pertes que lui inflige la malhonnêteté de ceux qui
ne le paient pas du tout ou le retard de ceux qui
lui font attendre son argent. Il y a des raisons pour
croire que, si les affaires de détail en Angleterre se
faisaient d'après le principe de *ready money*, les prix
pourraient être tellement diminués que le public ga-
gnerait plus que ne représente l'abolition de la dette
publique. Je n'exprime pas cette opinion comme une
vague supposition : en effet, aux principaux dépôts

coopératifs, bien que l'on y vende 20 0/0 meilleur marché que dans beaucoup de magasins de détail, les affaires sont tellement rémunératrices qu'un bien plus grand bénéfice est obtenu sur le capital que celui gagné par le négociant ordinaire. Dans ces circonstances, il semble que le système de crédit impose virtuellement un *income-tax* de 20 0/0 sur toute la partie du revenu que chaque individu consacre à acheter des marchandises d'une consommation courante. Il est superflu de dire qu'en payant une semblable taxe, on subit un fardeau bien plus lourd que celui qui est imposé par l'intérêt de la dette publique. Le crédit n'est guère moins nuisible au petit commerçant qu'à la masse du public. On sait qu'un grand nombre de négociants font faillite, non pas seulement par suite des pertes subies sur les mauvaises créances, mais aussi parce que leur argent est immobilisé dans des crédits accordés à des clients. Il n'y a pas longtemps, on a soumis les prix courants d'un des stores de Londres à un épicer qui fait de grandes affaires dans une ville de province. Il admit que les prix étaient de 20 0/0 inférieurs aux siens, en ajoutant que si on le payait comptant pour toutes les marchandises achetées chez lui, il était sûr de pouvoir vendre à aussi bon compte que les *stores*, et qu'il était certain que ses affaires deviendraient bien plus lucratives qu'auparavant. Cette considération tend à prouver que ce n'est pas un des moindres avantages des *cooperatives stores*, s'ils arrivent à démontrer d'une façon concluante, à toutes les nations, combien le système de la vente à crédit est coûteux, et si l'on aboutit à l'adoption universelle du principe de payer comptant dans toutes les transactions de détail. Il se peut que les *stores* absorbent une grande partie des affaires de détail en Angleterre ; cependant le commerçant n'a pas à craindre d'être supplanté. Au lieu de dépenser son énergie dans de vains efforts pour obtenir l'aide de la législature, en vue d'entraver le progrès des *stores*, il agirait bien plus sagement s'il arrivait de suite à la décision d'imiter leur exemple de refuser le crédit ; il serait probablement en mesure de réussir comme les *stores* s'il adoptait leur principe. Beaucoup de détaillants, forcés par la concurrence des *stores*, ont dans ces derniers temps adopté le principe de *ready money*, avec un avantage incontestable pour eux-mêmes.

J'ai déjà indiqué que les *cooperative stores* sont défectueux sous un rapport, et dans un élément fort important de la coopération. Aucune part de profit n'est allouée aux directeurs, commis, garçons de magasins, dont le travail est indispensable pour faire

marcher l'affaire. Ces sociétés coopératives peuvent
en effet être décrites correctement comme des sociétés anonymes, qui mènent leurs affaires sur le
principe du payement comptant. En considérant
les avantages et les inconvénients du système des
sociétés anonymes, on peut voir que la circonstance
qui entrave le plus le succès d'une entreprise par
actions, c'est que le directeur salarié n'a pas un intérêt aussi direct ni aussi immédiat à la prospérité de
l'entreprise, que quelqu'un qui est le propriétaire de
l'affaire et qui a sa fortune liée au succès de celle-ci.
On peut sans doute affranchir les sociétés anonymes
de cette difficulté, en donnant aux directeurs et aux
autres employés une certaine part dans les bénéfices.
Ils peuvent être amenés à porter à l'entreprise par
actions le même intérêt en quelque sorte que si
c'était leur propre affaire et qu'elle fût menée avec
leur propre argent. Il est de la plus haute importance
que ce mode soit adopté dans les sociétés coopératives; non seulement on évite un des désavantages
dont souffrent beaucoup de sociétés anonymes, mais
encore on donnerait aux *stores* un caractère bien plus
véritablement coopératif que celui auquel ils peuvent
prétendre aujourd'hui [1].

[1] Cela se fait dans un grand nombre de sociétés anonymes, notamment en Russie et en Allemagne, où, après qu'un certain taux

En parlant du succès extraordinaire de la Société de Rochdale, j'ai dit que le capital devint bientôt plus que suffisant pour le *store*. Par conséquent il fut nécessaire de déterminer le meilleur moyen d'employer le surplus du capital. C'était une question très délicate et très difficile, mais les directeurs de la Société, en faisant preuve d'un tact et d'une sagacité remarquables, ont montré que dans presque tous les cas ils avaient trouvé une excellente solution. On le voit, si on examine les diverses entreprises, qui de temps en temps ont été créées par la Société des Pionniers. Cette description sert à marquer le développement graduel et le progrès du mouvement coopératif.

Comme les affaires à Rochdale avaient pris un développement rapide, les directeurs comprirent naturellement quels avantages il y aurait à établir un dépôt en gros leur appartenant, au lieu d'acheter les

de dividende a été obtenu, une portion de superdividende est distribuée entre les directeurs et les employés au prorata de leurs appointements. Il existe même l'institution de pensions de retraite pour les employés.

Lors de la discussion de la réforme de la législation sur les sociétés anonymes en Allemagne, un réformateur plus avancé que les autres a demandé de rendre la participation aux bénéfices pour les employés et ouvriers obligatoire de par la loi. C'est aller trop loin. Dans leur intérêt bien entendu, les grandes et petites sociétés anonymes doivent d'elles-mêmes arriver à admettre ceux qui travaillent pour elles, à participer au bénéfice qui reste après que le capital a été équitablement rémunéré. A. R.

marchandises à des maisons de gros ordinaires. On sentit de plus qu'une société de gros pouvait rendre d'inappréciables services aux petites sociétés, si une coalition de boutiquiers jaloux de la coopération essayait de les écraser [1]. En 1863, la société de gros fut transportée à Manchester. Elle est devenue aujourd'hui un grand dépôt central avec des succursales à Londres et à Newcastle. Elle possède des fabriques à Londres, Manchester, Newcastle, Leicester, Durham et Crumpsall ; elle a ses dépôts à Cork, Limerick, Kilmallock, Waterford, Tipperary, Tralee et Armargh pour l'achat du beurre, des pommes de terre et des œufs. Elle a ses agents à New-York et à Copenhague, et possède deux bateaux à vapeur. Elle a un *banking* département, avec un mouvement de fonds annuel de 300 millions de francs. Le chiffre d'affaires du *Wholesale Society* dépasse 95 millions de francs par an. Un individu ne peut acheter au *Wholesale Society*, qui ne vend qu'aux sociétés coopératives. Aujourd'hui non moins de 622 *stores* sont en relation avec le dépôt en gros, et la majorité a des fonds placés dans le *Wholesale*. Les sociétés coopératives qui font des achats, sans avoir des actions, sont ordinairement de petites entrepri-

[1] Voir la note à la fin du volume.

ses qui n'ont pas de capital superflu. Les affaires sont admirablement menées. Sous aucun prétexte, il n'est accordé de crédit plus long que sept jours de la date de la facture. Le résultat d'une stricte observation de cette règle, c'est que, sur des affaires s'élevant à plus de 95 millions de francs par an, les pertes résultant de mauvaises créances ne dépassent pas quelques centaines de francs. Les frais généraux sont excessivement réduits, ils ne s'élèvent pas à un pour cent des *returns*. Après distribution d'un dividende fixé à à cinq pour cent, le bénéfice est réparti entre les sociétés coopératives au prorata des achats qu'elles ont faits. A celles des sociétés coopératives qui n'ont pas de capital placé dans le *Wholesale Society*, on n'alloue que la moitié de ce que touchent celles qui sont actionnaires. L'idée maîtresse, prédominante, c'est de se débarrasser autant que possible des intermédiaires. Afin de le faire, les marchandises sont achetées toutes les fois que l'occasion s'en présente, directement au producteur, et comme l'entreprise se développe, elle sera sans doute amenée à fabriquer pour elle-même la plus grande partie des achats qu'elle vend. Ainsi au lieu d'acheter du beurre d'Irlande par l'intermédiaire des marchands qui l'importent, le *Wholesale Society* a ses propres agents en Irlande qui l'achètent directement aux fermiers. A

Leicester, elle a établi une fabrique de souliers à elle, une fabrique de biscuits à Manchester et une fabrique de savon à Durham. Il est difficile d'assigner une limite au développement, que cette entreprise pourra atteindre. Ceux qui la dirigent commencent à croire qu'à un jour pas trop éloigné, ils obtiendront le blé et les autres produits agricoles de leurs propres domaines et qu'ils importeront du thé, du café, du sucre dans leurs propres navires, de leurs propres plantations.

On doit remarquer que comme le motif principal qui a conduit à établir cette société de gros, c'était le désir de venir en aide aux diverses sociétés coopératives disséminées en Angleterre, les marchandises sont vendues au plus bas prix possible; on ajoute la somme tout juste nécessaire pour couvrir les frais d'administration et laisser une marge suffisante de bénéfice. Il faut relever que le Wholesale Society, comme les sociétés décrites plus haut, n'est pas aussi véritablement coopératif qu'il pourrait l'être, parce que les directeurs et les employés n'ont pas une part dans les bénéfices, mais sont rémunérés par des salaires comme ils le seraient dans n'importe quelle maison de gros. A diverses reprises, on a discuté la proposition de leur allouer une certaine part de bénéfices. La décision finale sur ce sujet exercera probablement une influence importante pour l'avenir

de la coopération. On a dit que le remarquable succès obtenu par une société comme le Wholesale, est
une preuve qu'il ne saurait être nécessaire de donner une part de bénéfice au travail. Les directeurs
de la société ne pourraient avoir déployé plus de capacité ni plus de zèle. Ils sont tellement dévoués à la
cause de la coopération qu'il n'est pas nécessaire du
tout de stimuler leur activité, en leur donnant un
intérêt pécuniaire plus direct dans la prospérité de
l'entreprise. Un raisonnement semblable est certainement faux et à courte vue. Une affaire, si prospère
qu'elle puisse être, ne peut être regardée comme re-
posant sur une base solide et permanente, si ceux
qui la conduisent ne sont pas rémunérés d'une manière équivalente, et si profitant de l'enthousiasme
qu'ils peuvent ressentir pour une cause, leurs patrons leur donnent moins pour leurs services qu'ils
ne pourraient obtenir sur le marché ouvert. Si l'on
persiste dans cette résolution de priver le travail de
toute part de profit, les sociétés coopératives ne de-
viendront rien de plus que des sociétés anonymes
ordinaires, dans lesquelles une grande partie du capital appartiendra à la classe ouvrière. Je ne désire
en aucune façon déprécier les avantages du mouvement, même s'il prend cette forme. Ce doit être un
avantage immense pour les classes ouvrières d'obte-

nir les marchandises qu'elles achètent, à meilleur
marché, et d'avoir à leur portée un placement recom-
mandable pour leurs économies. Des habitudes
d'économie seront encouragées puissamment de la
sorte, et, sans augmenter la prévoyance, on ne saurait
réaliser de progrès permanent dans la condition des
classes laborieuses. En outre il est impossible d'évaluer trop haut l'influence éducatrice, qui peut être
exercée sur les membres des sociétés coopératives.
Un ouvrier qui a placé quelques livres dans une société coopérative, comprend bientôt quelles sont les
véritables fonctions du capital. Au lieu de croire que
le capital est quelque agent mystérieux, créé spécialement pour opprimer et maltraiter le travail, il
arrive à être convaincu aussi bien que peut l'être son
patron que le capital n'est pas moins essentiel à l'industrie que le travail, et que le capital possède un
droit aussi inviolable à réclamer sa juste rémunération.
Les amis de la coopération ne peuvent assez se souvenir de ceci, c'est qu'appeler simplement des sociétés « coopératives » ne fait rien pour améliorer la position industrielle du travailleur, s'il ne jouit pas d'une
part dans les bénéfices ; car je crois que l'expérience
a démontré qu'une société anonyme ne sera probablement pas un maître plus dur ou plus libéral que
le patron individuel. La coopération perd son princi-

pal avantage industriel, si l'ouvrier n'est pas admis à participer aux bénéfices : comme je l'ai expliqué à plusieurs reprises, le grand défaut, dans l'organisation économique actuelle, c'est qu'elle ne rend pas le travail aussi efficace qu'il devrait être, parce qu'il n'est pas intéressé assez directement dans le succès de l'ouvrage auquel il est employé. C'est ce défaut auquel la coopération peut remédier ; et c'est parce que la coopération, lorsqu'elle est vraiment mise en œuvre, peut remédier à ce défaut, que l'application du principe coopératif peut être regardée comme l'un des facteurs les plus efficaces pour obtenir une amélioration dans la condition économique du pays.

J'ai fait voir comment le succès des sociétés coopératives a abouti à l'établissement de la société de gros ; je vais à présent décrire les divers autres développements du mouvement. Les grands bénéfices réalisés par les *stores* ont fait sentir d'une manière si tangible aux classes ouvrières, l'avantage de faire le commerce de détail pour leur propre compte, qu'elles ont pensé naturellement qu'elles seraient en mesure de s'assurer de plus grands avantages, si les ouvriers pouvaient se former en association pour exercer l'un des métiers ou l'une des industries, dans lesquels ils étaient employés. L'un des premiers essais de ce que l'on peut nommer l'industrie coopérative a été fait à Rochdale en 1855. Avant cela, divers établissements de production coopérative avaient été fondés à Paris. J'y reviendrai plus tard. A Rochdale, de même que pour la coopération distributrice, l'expérience d'appliquer la coopération à la production fut commencée sur une très petite échelle. En premier lieu on loua une seule chambre et l'on y plaça quelques métiers. L'industrie du coton était alors au comble de la prospérité, et de gros bénéfices furent réalisés, même à l'aide d'un effort aussi imparfait. Encouragés par ce premier succès, les promoteurs de l'entreprise résolurent d'étendre leurs opérations, et on loua une partie d'une filature. Le capital à ce moment était d'environ 125,000 francs; le système d'après lequel l'affaire était conduite, était aussi simple qu'excellent. Un dividende de 5 0/0 était la première charge sur les bénéfices. Après que ce dividende avait été assuré, le reste était divisé en deux parts égales. L'une de ces parts était donnée comme extra-dividende au capital et l'autre distribuée comme boni parmi les ouvriers employés. La part de chaque ouvrier était en proportion du montant total de son salaire. Par conséquent l'ouvrier le plus régulier et le plus habile obtenait la plus grosse part; comme en dehors du boni, on payait les salaires courants dans l'industrie du coton, il était naturel qu'on stimulait les meilleurs efforts des ouvriers employés. Les plus habiles, les plus prévoyants des ouvriers du district furent puissamment attirés vers une entreprise, dans laquelle leur travail recevait une rémunération supplémentaire, et dans laquelle ils obtenaient un placement lucratif pour leurs économies. L'entreprise se développa si rapidement que bientôt il fallut une fabrique plus grande que toutes celles qu'on pouvait louer. On résolut d'en construire une. Elle fut commencée en 1856 et achevée en 1860, après avoir coûté 1,125,000 francs. Elle était munie de l'outillage le plus perfectionné, et complète sous tous les rapports. Les ouvriers étaient si convaincus du succès de leur entreprise, que la dépense pour la construction de cette première fabrique n'épuisa pas le capital qu'ils désiraient placer. On se mit à en construire une seconde. Ces fabriques eurent à peine le temps d'entrer en pleine exploitation que la guerre civile éclata aux États-Unis et que l'industrie cotonnière du Lancastre fut précipitée dans une crise sans précédent. Longtemps après que bien des fabriques voisines eurent fermé, les fabriques coopératives continuèrent à lutter courageusement. Cependant les difficultés contre lesquelles il fallut se débattre alors, avaient un caractère si extraordinaire, que personne n'est en droit d'avoir moins de confiance dans le mouvement coopératif, parce qu'une association d'ouvriers fut incapable de surmonter heureusement les obstacles résultant d'une situation anormale et défiant tous les calculs ordinaires. A mesure que l'industrie cotonnière se releva, après la fin de la guerre de sécession, beaucoup de frabriques coopératives furent établies dans diverses parties du Lancastre. Elles n'ont pas toutes réussi de la même façon. L'une des plus prospères semble être le *Sun Mill* à Oldham. La coopération semble fleurir dans cette ville plus que dans toute autre, excepté Rochdale. On a calculé que les ouvriers d'Oldham n'ont pas moins de 12 millions et demi de francs placés en entreprises coopératives. De cette somme, 2 millions et demi sont placés comme capital en actions dans le *Sun Mill*. Durant les dernières années, le *Sun Mill* a obtenu un bénéfice moyen de 12 1/2 0/0. C'est certainement un résultat favorable, quand l'on pense que pendant une partie du temps, cette branche d'industrie a été tout particulièrement déprimée.

Il faut relever que dans les fabriques, établies par des associations d'ouvriers, on a ordinairement abandonné le plan d'allouer une part de bénéfices aux ouvriers. Lorsque la crise industrielle amena de mauvais jours à la fabrique de Rochdale, l'une des premières choses qui arrivèrent furent une dispute relativement au droit du travail à participer aux bénéfices. Ceux qui avaient du capital dans l'affaire, semblaient croire qu'ils étaient inutilement généreux et qu'ils faisaient un sacrifice pour lequel ils ne recevaient pas de rémunération, en abandonnant une portion de bénéfices au travail. Il s'éleva de la sorte un antagonisme d'intérêts, comparable sous tous les rapports, à celui qui prévaut entre patrons et ouvriers.

La question de savoir si le travail doit jouir d'une part de bénéfices est encore aujourd'hui ardemment débattue entre coopérateurs. Il est difficile de prévoir l'issue finale. Il semble y avoir de bonnes raisons d'espérer que le triomphe sera pour le parti qui, ayant apprécié la véritable nature de la coopération, soutient que la bonification distribuée aux ouvriers n'est pas un sacrifice de la part du capital, mais bien plutôt une mesure qui donne plus d'efficacité au capital et au travail ; en supprimant cette bonification, la coopération perd ce qui en fait la principale vitalité ; et une société coopérative ne devient guère plus qu'une société anonyme ordinaire.

Avant d'abandonner le sujet de la production coopérative, il est bon d'indiquer que le principe coopératif peut être appliqué plus facilement et plus

simplement à la distribution qu'à la production de la
richesse. Il est évident qu'un magasin coopératif n'a
pas à lutter, avec les mêmes difficultés qu'une fabrique coopérative. Comme les affaires d'un magasin
coopératif se font sur le système de paiement comptant, c'est à peine si on a besoin de s'exposer à un
risque. Il n'est pas nécessaire de faire des achats
spéculatifs. Les marchandises peuvent être achetées
au fur et à mesure des besoins. Les rentrées dans
une pareille affaire sont régulières. Les transactions
d'un trimestre diffèrent peu de celles des trimestres
antérieurs, et il n'y a pas de difficulté à étendre ou
à resteindre les affaires suivant qu'il le faut ! Une fabrique au contraire, par sa nature même, a quelque
chose d'incertain et de spéculatif. Les bénéfices dépendent souvent presque entièrement de l'achat, au
bon moment des matières premières. Parfois l'industrie est si déprimée, qu'il est nécessaire d'empêcher
les marchandises fabriquées de venir sur le marché.
C'est impossible à moins qu'il n'y ait un fonds de réserve. Il est certain que l'industrie du coton, plus
que toutes les autres en Angleterre, s'est distinguée
par des fluctuations violentes. Prospérité et adversité
semblent se succéder par cycles réguliers : si pendant deux ou trois ans des bénéfices exceptionnels
ont été réalisés, il est très probable qu'il y aura

une période de crise correspondante presque sans aucun bénéfice. D'après les comptes rendus du *Sun Mill*, à Oldham, on voit que la moyenne de profit durant les trois derniers trimestres de 1869 a été de 9 0/0 seulement, tandis que pour la même période de 1870, elle a été de 22 0/0. Parfois les bénéfices sont trois fois plus grands dans un trimestre que dans l'autre. Ainsi, pour les trois mois finissant en juin 1872, les bénéfices ont été de 30 0/0, tandis que pour le trimestre finissant en septembre, ils n'ont pas dépassé 9 0/0. La plus grande prudence est nécessaire pour assurer le succès d'une affaire exposée à des fluctuations aussi étendues et aussi soudaines. Il y a une tentation constante d'approprier une trop grande part de bénéfices exceptionnels, obtenus dans les années de prospérité, et de ne pas laisser par là une réserve suffisante pour les mauvais jours.

Cette tentation a été surmontée dans bien des cas par des associations d'ouvriers : c'est là une preuve de la capacité d'un grand nombre d'entre eux à mener des entreprises industrielles compliquées et difficiles. L'idée d'appliquer le principe coopératif à une industrie aussi spéculative que l'industrie du coton, était certainement des plus hardies. Il n'y a pas d'autre branche d'industrie dans laquelle les associations d'ouvriers aient à résister à autant de tentations et à lutter contre autant d'obstacles. La production coopérative peut être appliquée bien plus facilement dans les industries où tout marche régulièrement, où le montant du capital qu'il faut placer en outillage et en matériel, est médiocre en comparaison de ce qu'il faut payer en salaires. L'une des sociétés les plus anciennes en Angleterre est celle des encadreurs. Une pareille industrie demande très peu de capital. De fait, tout le capital nécessaire peut être fourni par ceux qui sont employés comme ouvriers de la société ; il y a bien moins de chance d'un conflit entre le capital et le travail. Une autre entreprise coopérative qui a fort bien réussi, c'est la fabrique de souliers à Northampton. Dans ce cas, il suffit d'un petit capital, et les rentrées sont bien plus régulières que dans le coton. Un des grands obstacles au succès de la coopération disparaît, lorsque le capital nécessaire pour faire marcher l'affaire est entièrement fourni par ceux qui apportent le travail nécessaire.

La production coopérative a assumé un développement bien plus important en France qu'en Angleterre. Aujourd'hui il n'y a certes pas plus de deux à trois associations de production coopérative à Londres, tandis qu'il y en a plus de quarante à Paris. Ces sociétés embrassent un grand nombre de métiers

différents : fabricants de pianos, peintres en bâti-
ments, tailleurs, oculistes, charpentiers, gaziers,
tapissiers, maraîchers. Au moment de la révolution
de 1848, on essaya d'encourager l'établissement de
sociétés de production coopérative à l'aide d'avances
de l'État. Aucune des sociétés qui a obtenu l'assistance gouvernementale ne s'est assuré de succès permanent. Une des sociétés créées en 1849, celle des
fabricants de pianos, n'a reçu aucun secours de
l'État, et elle est aujourd'hui l'une des institutions
coopératives les plus prospères de Paris. Elle a eu
des commencements très humbles ; quatorze ouvriers
souscrivirent entre eux un capital d'environ 50 fr.
chacun. La société se compose aujourd'hui de dix-huit
membres, qui emploient en outre un certain nombre
d'ouvriers auxiliaires, qui sont payés à la pièce, et
les membres sont élus parmi les auxiliaires. L'im-
meuble où la fabrication se fait appartient à l'association et représente, avec l'outillage, un capital
d'environ 275,000 francs.

Les associations coopératives de Paris ont eu des
fortunes variées. Beaucoup ont abandonné le principe, qu'on peut regarder comme l'essence de la
coopération, c'est-à-dire de *n'employer aucun travail
sans lui assigner une part de bénéfices.* Cela ne doit
pas entraîner un manque de confiance dans l'avenir

de la coopération. On arrivera peu à peu à l'application complète des principes, et il faut se souvenir que même dans le cas où les ouvriers employés ne participent pas aux profits, les ouvriers, membres de l'association, possèdent l'avantage important de fournir eux-mêmes le capital nécessaire.

Sans essayer de prédire les phases exactes par lesquelles la coopération passera, on ne peut guère douter que le principe en est si bien adapté à l'agriculture, qu'il sera appliqué un jour à cette branche de l'industrie avec les résultats les plus bienfaisants. Jusqu'ici la coopération n'a jamais été appliquée à l'agriculture, excepté sous une forme bien imparfaite : ces essais, bien qu'incomplets, ont été encourageants et satisfaisants. Celui qui a attiré le plus l'attention, a été fait, il y a 40 ans, par **M.** Gurdon, dans sa propriété d'Assington, près de Sudbury, dans le Suffolk. **M.** Gurdon avait été tellement frappé de la condition misérable des ouvriers agricoles employés sur ses terres, qu'il fut amené à faire quelque chose pour eux. Lorsqu'une de ses fermes devint vacante, il offrit de la louer au prix ordinaire de 150 £ (3,750 francs) aux ouvriers qui y travaillaient. Comme ils n'avaient naturellement pas de capital suffisant pour la cultiver, il leur avança en premier lieu l'inventaire et l'outillage indispensables. Les

ouvriers formèrent une compagnie, dans laquelle il
y avait onze parts, et il ne fut pas permis à un ouvrier d'avoir plus d'une part. Le plan avait été si
éminemment heureux, qu'en quelques années on
eût économisé suffisamment sur les bénéfices pour
rembourser toutes les avances : inventaire et outillage devinrent la propriété des ouvriers. Chaque action augmente beaucoup de valeur. M. Gurdon avait
été tellement encouragé, non seulement par les avantages pécuniaires obtenus, mais par le progrès général
dans la condition des ouvriers, que quelques années
plus tard il donne en bail une autre ferme plus
grande à des conditions analogues. Bien qu'aucun
compte n'ait jamais été publié, les avantages pécu-
niers retirés par les ouvriers sont démontrés par le
fait qu'ayant eu des salaires aussi élevés que ceux
courants dans le district, ils ont été capables en peu
d'années, de devenir les propriétaires d'un bien
considérable, consistant dans le stock et l'outillage.
Une circonstance significative et faite pour donner
de l'espoir, c'est que l'essai n'a pas été fait par des
hommes d'élite. Si un grand résultat a été atteint
par des ouvriers qui faisaient partie des moins instruits du pays, on peut conclure que, lorsque l'intelligence de la population rurale aura été mieux développée, la coopération pourra être appliquée sous

une forme plus complète à l'agriculture, et avec des résultats plus frappants encore que ceux obtenus à Assington [1].

L'agriculture a souffert peut-être plus que toute autre industrie de l'indifférence et de l'ignorance des ouvriers ; le seul moyen d'écarter cette indifférence, cette apathie, c'est de donner au travailleur un intérêt plus direct et plus actif dans son ouvrage, que celui qu'il éprouve tant qu'il ne travaille que pour un salaire fixe. On insiste souvent dans les descriptions qu'on donne du paysan propriétaire, sur la façon toute puissante dont l'industrie du travailleur est stimulée par le sentiment de propriété. Lorsqu'il cultive son propre lopin de terre, il s'applique le plus possible, parce qu'il jouira de tout ce que son travail lui aura rapporté. Chaque année, avec l'usage de plus en plus étendu des machines dans l'agriculture, il devient plus avantageux d'exploiter des fermes sur une vaste échelle. Lorsque l'agriculture coopérative pourra se pratiquer, des terres se cultiveront par des associations de travailleurs ; ainsi, on assurera bien des avantages associés avec le système de paysans pro-

[1] Voir *Le Collectivisme*, par Paul Leroy-Beaulieu, page 157, où l'auteur donne des détails sur l'expérience de M. Gurdon et l'apprécie à un point de vue général. Il la considère comme absolument exceptionnelle et il ne pense pas qu'elle réussisse, reproduite à l'infini. (A. R.)

priétaires, tout en évitant les inconvénients de *small
farming*. Le progrès vers l'agriculture coopérative
sera certainement lent et graduel. Les ouvriers devront y arriver par étapes successives. Jusqu'ici on a
essayé diverses méthodes de coopération modifiée,
fondées sur le principe de la participation, et cela
avec succès. Ces méthodes ont fourni une instruction
précieuse aux ouvriers, instruction qui leur permettra, il faut l'espérer, de triompher des difficultés
associées avec la production coopérative [1].

Il faut se garder d'une illusion que pourrait faire
naître le succès obtenu dans beaucoup de cas par la
coopération : il ne faut pas supposer qu'une institution coopérative ne soit pas soumise aux dangers qui
menacent toute entreprise commerciale ordinaire.
Si on manque de jugement dans le choix des directeurs, si l'on n'a pas soin d'obtenir des gens intelligents et honnêtes, l'insuccès est inévitable. Tout ce
que les avocats de la coopération ont besoin de soutenir, c'est que les avantages sont certains, si le principe est appliqué judicieusement et habilement.

---

[1] La dépression qui a affecté l'agriculture avec tant de vigueur
dans les dernières années, a tendu la situation des fermes coopératives d'Assington. Pendant quelques temps les deux fermes ont lutté
contre les difficultés extraordinaires; mais à la fin l'une des deux
(la seconde en date de création) a dû être abandonnée. Une tentative est faite (1884) pour réorganiser l'entreprise.

Comme preuve d'un manque de jugement, on peut mentionner l'idée qui semble avoir trouvé faveur chez beaucoup de coopérateurs : il faudrait, suivant eux, établir une banque coopérative sur le principe d'allouer un taux d'intérêt fixe de 5 0/0 aux déposants. On paraît croire que 5 0/0 est le taux propre d'intérêt ; il est inutile de montrer l'impossibilité pour une banque coopérative de payer 5 0/0, lorsque le taux courant d'intérêt est inférieur à ce chiffre.

Jusqu'ici la banque par coopération n'a pas obtenu un succès signalé en Angleterre. Je ne puis quitter ce sujet sans faire allusion au mouvement qui a eu lieu en Allemagne en 1851, sous la direction de feu Schulze-Delitzsch[1]. L'objet de ces banques coopérati-

[1] Le grand mérite de Schulze-Delitzsch a été de comprendre l'importance énorme qu'il y avait à mettre le crédit à la portée des classes laborieuses, et l'immense service qu'il a rendu à l'Allemagne, consiste à avoir fait peu à peu l'éducation de ses compatriotes. Il a fallu pour cela la foi dans son principe, une activité dévorante et un génie spécial d'organisation.

Le professeur Schmoller fait remarquer toutefois que le mouvement dont Schulze-Delitzsch a pris l'initiative a profité surtout aux artisans, aux petits patrons, bien plus qu'aux ouvriers de fabrique et aux journaliers : il a été utile à l'*Handwerkerstand* plus qu'à l'*Arbeiterstand*.

Des sociétaires, 31 0/0 sont *Handwerksmeister*, 23 0/0 des fermiers ou cultivateurs indépendants, 3 0/0 des fabricants. Nombre de sociétaires sont séduits par la perspective de dividendes élevés ou d'intérêts plus considérables que ceux des caisses d'épargne. Cela n'enlève rien à la gloire de Schulze-Delitzsch. Il a inspiré toute la

ves ou de crédit était de donner à l'ouvrier l'accès direct au capital nécessaire à la production, et cela grâce à l'intervention du principe de *self-help*. Il est

législation sur cette matière. En 1881, il a soumis au Parlement un projet de loi amendant la loi de 1867-1868 et introduisant la responsabilité limitée à un multiple de la participation de chaque sociétaire, au lieu de la responsabilité illimitée.

Voici l'idée maîtresse du système :

Les artisans doivent se rendre susceptibles de crédit au moyen de la responsabilité illimitée et en réunissant un petit capital social. Couvertes de la sorte, les associations ont pour mission d'attirer les dépôts en bonifiant un taux d'intérêt plus élevé que les caisses d'épargne et d'accepter des capitaux étrangers, mais seulement d'une manière modérée, ne dépassant pas plus de trois à quatre fois le fonds social. On accorde des crédits à courte échéance sous diverses formes aux sociétaires, après avoir examiné à fond le caractère de la personne et la nature de ses occupations, — le crédit sera donné à un prix qui permette de payer un dividende, ce qui est un moyen d'attraction. Les associations doivent prospérer par leur propre action en se conformant aux principes de bonne gestion commerciale.

On peut admettre qu'en 1882, il existait 1,875 *Seditgenokrsenschaften*, comptant 6 à 700,000 membres et accordant des crédits qui ne sont pas loin de 2 milliards de marks. A côté de cela, il y a 621 sociétés de consommation et 35 sociétés de construction, sans compter 954 sociétés diverses, coopératives sous d'autres formes ; on arrive pour l'Allemagne à un total de 3,500 associations avec 1,200,000 membres et un capital propre de plusieurs centaines de millions de marks.

En 1859, il y avait 80 associations communiquant leur compte rendu annuel, avec 18,676 membres, — en 1870, 740 et 314,656 ; en 1882, 905 et 461,153.

En 1881, il y avait en Prusse 1,203 caisses d'épargne avec 3,090,000 de livrets et 1,707,000,000 marks de dépôts.

Les associations de crédit font donc bonne figure à côté de ce dernier chiffre. — A. R.

évident qu'un ouvrier isolé ne peut obtenir l'usage d'un capital emprunté, par la simple raison que la garantie qu'il peut donner pour le remboursement est 'insuffisante. Mais ce qui est vrai d'un ouvrier isolé cesse de l'être d'une association d'ouvriers, qui sont responsables solidairement des dettes de chaque membre de l'association, surtout là où les termes d'admission sont de nature à réduire à un minimum les chances de perte provenant de la malhonnêteté ou de l'incompétence des membres. Sous l'influence de Schulze-Delitzsch, de semblables associations se formèrent. Les termes de l'association étant établis de façon à exclure tous ceux qui ne sont pas *des bonâ fide ouvriers* et comme le principe cardinal de l'association est *self-help*, les candidats à l'admission doivent donner des preuves sérieuses de ce qu'ils sont capables de s'aider eux-mêmes. Les circonstances du candidat sont toujours examinées avec soin, avant qu'on ne l'admette. De plus on lui demande de devenir actionnaire dans l'affaire. On peut dire que si toutes ces garanties sont exigées afin de prouver l'honnêteté d'un homme et sa capacité de payer, il n'aurait pas de peine à se procurer une avance indépendamment de l'association. Un peu de réflexion montre qu'il n'en sera pas ainsi. La garantie offerte par un ouvrier isolé dans la grande majorité des cas, est

seulement une garantie personnelle ; s'il obtenait un
prêt, ce serait à des conditions exorbitantes. Le propriétaire du capital avancé à un ouvrier isolé ris-
quer beaucoup de le perdre ; si l'ouvrier meurt ou
se sauve, le propriétaire du capital n'a pas de
remède. Mais le crédit d'un ouvrier repose sur une
toute autre base s'il appartient à une association
dont chaque sociétaire est solidairement responsable
des dettes de tous les autres membres. Un principe
fondamental dans les sociétés de crédit de Schulze-
Delitzsch, c'est l'*unlimited hability* ; ce principe rend
le crédit de l'association irréprochable ; il exerce
également une grande influence en conservant éveillée
leur attention sur la position des candidats à l'admission. Le capital requis pour faire marcher l'association s'obtient de deux manières, d'abord par les
souscriptions des membres, ensuite par des emprunts
contractés sur le crédit de l'association. Le gros de
l'affaire se fait à l'aide du capital obtenu de cette seconde manière. Afin de donner une idée des proportions que ce mouvement a pris dans le pays où il
est né, on peut dire qu'en 1865 il y avait 961 de ces
associations en Allemagne. Sur ce nombre, 498, près
de la moitié, envoyaient leurs statistiques au bureau
central, montrant qu'elles comptaient 170,000 membres et que l'argent qu'elles avançaient annuellement,

s'élève à 250 millions de francs. En 1877, il y avait 1,827 associations, avec un million de membres possédant 200 millions de francs de capital, avec 500 millions empruntés et faisant pour 2,750,000,000 de francs d'affaires.

Le progrès de la coopération a été pendant quelque temps matériellement entravé en Angleterre par diverses restrictions législatives. Jusqu'en 1867, une société coopérative n'avait pas le droit de placer plus 5,000 francs dans une autre société. Cette restriction fit à un moment courir un sérieux danger aux *Rochdale Pioneers*. Possédant plus de capital qu'ils ne pouvaient en employer dans leur affaire, une portion de ce capital restait inoccupée, par suite de la défense de placer plus de 5,000 francs dans une autre association. On décida de rembourser à quelques-uns des plus gros actionnaires une partie de l'argent versé par eux. Ce remboursement n'eut pas plutôt commencé, qu'une rumeur assez raisonnable se répandit, que les plus riches actionnaires avaient perdu confiance et retiraient leur capital. Une panique s'en suivit; un *run* sur les fonds de la société fut fait par des actionnaires timorés si bien qu'elle fut quelque temps en péril. Il est impossible d'avoir un exemple plus frappant des inconvénients sans nombre qui résultent d'une législation tracassière et irréfléchie. Afin de faire voir combien des entraves légales ont arrêté le développement de la coopération, rappelons que jusqu'en 1867, les sociétés coopératives ne pouvaient vendre ni acheter des terrains, excepté pour les besoins de leur industrie. A présent que ces sociétés ont la faculté d'acheter et de vendre des terrains, beaucoup d'entre elles ont placé une partie considérable de leur excédent de capital en construction de maisons pour leurs membres. Les *Rochdale Pioneers* ont déjà dépensé plusieurs milliers de livres de cette façon, et j'ai à peine besoin de dire qu'il n'est pas possible de rendre un plus grand service aux classes ouvrières que de leur donner les moyens d'obtenir des habitations convenables. Les membres d'une société coopérative peuvent obtenir leurs maisons comme les clients d'un dépôt coopératif leurs marchandises, au plus bas prix possible, depuis que l'objet de la société de construction n'est pas de réaliser un grand bénéfice, mais d'assurer le meilleur logement possible aux membres de la société. Divers plans ont de temps à autre été exposés dans l'intention d'améliorer les maisons du pauvre. Ces systèmes, bien que n'étant pas coopératifs dans le sens du terme employé par nous, reposent sur le principe que par l'union de plusieurs petits capitaux on peut arriver à des résultats bien plus considéra-

bles que si chacun de ces capitaux agit isolément.
Ainsi, si cent personnes souscrivent 5,000 francs chacune, on peut avec les 500,000 francs réunis, construire un îlot de maisons qui fournirait à chaque
membre une installation bien plus commode que si
chacun d'entre eux avait dépensé ses 5,000 francs à
se construire une maison pour lui-même. Les *building societies* offrent aux ouvriers de grandes facilités
pour devenir les propriétaires des maisons qu'ils
habitent. Ces sociétés réunissent ensemble un grand
nombre de petits capitaux et emploient les fonds ainsi
réunis à faire des avances à ceux qui désirent acheter ou bâtir une maison. La maison elle-même sert
de gage, l'avance est remboursée par petites sommes
payées par semaine ou par mois. Il est difficile d'apprécier suffisamment le bien fait par les *building societies*. Elles ont permis à des centaines de mille ouvriers de devenir les propriétaires de leur propre
maison. En 1883, on évaluait à 750,000 le nombre
des membres des *buildeng societies* enregistrées.

Il y a quelques années, il se fonda une société
connue sous le nom de *Artisans', Labourers and
general Dwelling Company* qui, sous beaucoup de rapports, possède les caractères d'une société de construction ordinaire, mais qui d'autre part a des traits
qui lui sont particuliers. Il est nécessaire d'indiquer

brièvement comment elle opère. Cette société ne vient
pas seulement en aide à l'occupant d'une maison,
pour l'acquérir à titre de propriété ; elle encourage
aussi les ouvriers à devenir les constructeurs de leurs
propres maisons, et de plus elle prend des garanties
que les maisons construites feront partie d'un plan
général et qu'il sera fait dûment attention aux exigences hygiéniques. Afin d'achever cet objet, la société commence par acheter le terrain, — sur ce terrain, on trace des rues, on construit des égouts, on
fait en un mot tous les préparatifs nécessaires. On
décide ensuite qu'un certain nombre de maisons seront bâties ; on prévient ainsi qu'un trop grand
nombre soient édifiées les unes à côté des autres, et
lorsque c'est possible, on réserve un bout de jardin
à chaque maison. Quiconque désire construire une
maison, obtient de la société une avance d'argent
qu'il peut rembourser par des paiements hebdoma-
daires, mensuels ou annuels. Les maisons sont différentes de grandeur et de caractère, mais les règlements en ce qui touche le drainage, la ventilation
sont uniformes et imposés à tout le monde. A Salford,
la société a acheté assez de terrain pour l'érection de
76 maisons. A Birmingham, on a acquis trois propriétés, qui serviront à 600 maisons. Probablement
le plan le plus heureux et le plus considérable, que

la société ait encore exécuté, est-ce qu'on connaît sous le nom de *Shaflesbury Park Estate*. C'est tout près de la gare de Clapham Junction. On y a bâti 1,199 maisons, qui rapportent un loyer annuel de 560,000 francs et un revenu foncier de 20,000 francs. Une salle de conférence et des écoles ont été construites, une place de récréation a été réservée, et l'on se propose de louer une *dairy farm* afin d'avoir une provision de lait pur. Des entreprises semblables ont été exécutées dans le *Queen's Park Estate*, près d'*Harrow Road*, et d'autres opérations sont projetées à Hornsey. Il est superflu d'assister sur les grands avantages qui doivent résulter de l'encouragement donné aux ouvriers de construire leurs propres maisons. Dans une description de Shaflesbury Park, on lit : l'ensemble montre la somme de sens pratique, qu'un groupe d'ouvriers (car chacun fournit des idées) peut apporter à un projet qu'ils ont à cœur, et il est impossible en passant par les rues d'oublier que pour un grand nombre les constructeurs sont les occupants eux-mêmes. Les hommes travaillent avec ardeur, convaincus qu'il s'agit de leur propriété, de plus, ayant le sentiment que ce n'est pas un projet charitable auquel ils participent, mais bien un d'indépendance complète. Rien ne semble empêcher l'extension indéfinie des opérations de la société.

J'ai décrit quelques-uns des résultats les plus importants de la coopération et indiqué quelques-unes des phases probables du développement futur. Quiconque envisage ce qui a été déjà effectué et ce qu'on peut faire dans l'avenir, devra arriver à la conclusion que nous devons avoir plus de confiance dans la coopération que dans tout autre facteur économique, comme moyen d'améliorer la condition industrielle du pays. On ne saurait avoir assez présent à l'esprit le fait que ceux qui ont achevé le succès le plus frappant dans la coopération, n'ont pas été aidés d'une assistance étrangère. Ils ont mis leur confiance dans l'union de leurs efforts, dans la prudence et dans la dénégation de soi-même. Par un contraste violent, je vais dans le prochain chapitre, examiner diverses méthodes de socialisme, qui, loin de vouloir s'affranchir d'aide extérieure, cherchent à exécuter leurs projets grâce à l'intervention directe de l'État.

CHAPITRE IV.

Le socialisme d'État et la nationalisation de la terre.

Ce qui caractérise le socialisme moderne, c'est qu'il s'appuie sur l'État. — Schulze-Delitzsch et Lassalle, fondateurs de deux écoles opposées de réformes sociales. — Schulze-Delitzsch défend un système fondé sur le *self-help*, comme la coopération. Lassalle est l'avocat d'une somme plus grande d'assistance par l'État. — Le plan le plus important du socialisme d'État est la nationalisation de la terre. Une attention particulière a été dirigée en Angleterre sur ce sujet par les livres de M. Wallace et de M. Henry George. — Différence entre l'État reprenant la terre qu'il a abandonnée et l'État retenant possession de droits existants. Démontré par le *permanent settlement* dans l'Inde. — Importance pour l'État de ne pas renoncer à la totalité de ses droits de propriété dans le sol. Ventes de terres en Australie. — Si la nationalisation est accomplie d'après le système de ne pas donner d'indemnité ou une indemnité insuffisante, c'est une injustice. — Si on donne une indemnité complète, cela entraîne de grands sacrifices pécuniaires, qui devront être supportés par la masse des contribuables. — La nationalisation implique ce dilemme. Si la terre est louée à un prix inférieur au prix du marché, on ouvre un champ illimité au favoritisme de l'État; si le prix ordinaire est exigé, les cultivateurs n'ont aucun avantage. — Argument contre l'appropriation par l'État de la plus-value non gagnée (unearned increment) de la terre. — Politique du gouvernement entreprenant la construction de travaux publics. — Référence à l'Inde et à la France. — On nuirait aussi à la coopération si les institutions coopératives obtenaient des avances de l'État. — Quelques-uns des inconvénients qui résultent de l'emploi de fonds publics pour créer une classe de paysans propriétaires. — Effets produits si l'État ou la municipalité entreprend de bâtir des maisons pour la classe ouvrière. — Au milieu d'autres inconvénients, cela découragera les efforts que les classes ouvrières font pour se procurer de meilleures habitations par l'entremise de *building societies*. — Le plan du prince de Bismarck de pourvoir à l'assurance et à des annuités pour les ouvriers par une taxe spéciale sur les patrons. La taxe doit retomber en totalité ou en grande partie sur les ouvriers. C'est une assurance obligatoire. — Désavantage de l'économie obligatoire. — L'État peut légitimement offrir des facilités pour économiser, mais les institutions comme les caisses d'épargne doivent subsister par elles-mêmes. — Il n'est pas sage de condamner un projet parce qu'il est empreint de socialisme. Ainsi la loi des pauvres est fondée sur le socialisme, mais son abolition provoquerait des maux plus grands que ceux produits par une loi des pauvres bien administrée. — Arguments contre la gratuité de l'éducation.

Nous avons relevé, dans un chapitre précédent, que le trait le plus caractéristique du socialisme de nos jours était la confiance qu'il plaçait dans l'intervention de l'État. L'avocat le plus distingué de cette nouvelle forme du socialisme a été probablement

Lassale. Entre lui et Schulze-Delitzsch il y a eu pendant de longues années, en Allemagne, une lutte ardente et vive. Ils sont devenus respectivement les fondateurs de deux Écoles rivales de réformes sociales et industrielles, et il y a toujours eu les divergences les plus larges à tous égards entre les idées mises en avant par ces deux Écoles. Schulze-Delitzsch a donné, comme nous l'avons vu, une impulsion très importante au mouvement coopératif ; le principe souverain qui le guidait était qu'il fallait habituer le peuple à compter sur sa propre initiative pour améliorer sa condition. Lassale au contraire pensait que ce dont le peuple avait surtout besoin, c'était une somme plus grande d'assistance par l'État. Les principes conducteurs du socialisme moderne ont pris corps dans le programme de la société connue sous le nom d'Internationale, dans la formation de laquelle Karl Marx a joué un rôle dominant. On trouvera que presque chaque point du programme implique l'intervention de l'État ; toutefois la méthode dans laquelle les Internationalistes et généralement les socialistes du jour mettent la plus grande confiance, est celle qui est connue sous le nom de nationalisation de la terre et des autres instruments de production. Ce plan de nationalisation pouvant être considéré comme le développement le plus important du socialisme d'État, il convient de l'envisager avant de décrire les autres systèmes socialistes, dont l'adoption entraîne l'assistance pécuniaire de l'État. Le sujet de la nationalisation de la terre a attiré dernièrement l'attention publique à la suite de la publication de deux livres sur ce sujet, l'un par M. Wallace, le naturaliste bien connu (*Land nationalisation, its necessity and its aims*), l'autre par un écrivain américain M. Henry George (*Progress and poverty*).

Rarement un livre traitant de questions économiques et sociales a trouvé un cercle aussi étendu de lecteurs que l'ouvrage de M. George. Il est d'autant plus important d'examiner avec soin les propositions dont il se fait l'avocat. Bien que M. George écrive dans un style qui est particulièrement attrayant, cependant, il est très souvent difficile d'arriver à saisir le caractère exact de ses propositions. Il y a peu de doute néanmoins que si ses projets étaient exécutés, les propriétaires actuels du sol n'obtiendraient aucune compensation ou recevraient comme compensation une somme qui équivaudrait seulement à une faible partie de la valeur marchande actuelle de leur propriété. On a émis l'idée que l'État bénéficierait si la terre était achetée et payée au moyen d'annuités terminables. Il n'y a pas de magie dans une annuité terminable. On semble oublier parfois que la richesse ne peut être créée à l'aide d'un simple arrangement de chiffres. L'État bénéficierait incontestablement si l'on décrétait que les propriétaires recevraient des annuités équivalentes à la rente actuelle de la terre pour un nombre limité d'années. Le gain serait exactement le même que celui qu'on obtiendrait si les rentiers sur l'État, au lieu de posséder l'annuité perpétuelle dont ils jouissent à présent, recevaient leurs intérêts seulement pendant une période limitée. L'injustice ne serait pas moindre dans un cas que dans l'autre. Il ne saurait y avoir rien de plus injuste que si l'État prenait possession de la terre sans payer la valeur intégrale au propriétaire. On a soutenu quelquefois, pour défendre une semblable mesure, que la terre appartenait originairement au peuple, et que l'État n'avait aucun droit d'aliéner la propriété nationale afin d'enrichir quelques individus favorisés. Mais la question de savoir s'il a été avantageux ou non de renoncer aussi complètement aux droits que l'État, en sa qualité de représentant de la nation, possédait originairement sur le sol, me semble n'avoir aucune portée sur la question de s'emparer de la terre, sans donner un dédommagement équivalent aux propriétaires actuels. Le sol a changé de mains un nombre infini de fois depuis que le principe de la propriété privée en ce qui touche la terre, a été reconnu pour la première fois, et ce serait un procédé indéfendable, si l'État prenait possession en totalité ou en partie de la terre. En découvrant l'injustice et l'inopportunité des systèmes de nationalisation de la terre, on ne doit pas supposer qu'il serait désirable pour l'État d'abandonner les droits de propriété terrienne dans les pays où il les possède encore. Dans l'Inde, par exemple, presque la totalité du sol appartient à l'État, le cultivateur, au lieu de payer le loyer à un particulier, propriétaire privé, le paie à l'État sous forme d'un impôt foncier ; le revenu foncier qui en résulte s'élève à environ 22,000,000 de livres st. par an et représente une somme à peu près égale au montant de toutes les autres taxes perçues par le gouvernement central dans l'Inde. Comme preuve du fait que la situation des cultivateurs ne serait pas meilleure, si l'État avait renoncé à ses droits de propriété sur le sol, on peut rappeler que, par le célèbre *settlement* permanent de lord Cornwalles en 1793, les droits de propriété sur une partie considérable du Bengal furent transférés aux collecteurs d'impôts ou *zemindars* moyennant un paiement annuel fixe. Le résultat a été qu'avec l'augmentation de la richesse et l'accroissement de la population, les cultivateurs dans les districts *permanently settled* paient sous forme de fermage aux zemindars trois ou quatre fois autant que les zemindars paient au gouvernement. Une portion considérable du revenu public a donc été sacrifiée au profit d'une classe spéciale, tandis que la position des cultivateurs n'a été améliorée en rien ; bien au contraire, le tort qu'on leur a fait peut se mesurer en quelque sorte par le montant de taxe supplémentaire qu'ils ont à supporter, parce qu'on a sacrifié inutilement un fort chiffre de revenu public. Si l'opération de lord Cornwalles n'avait jamais été faite, le revenu qu'on tirerait aujourd'hui du sol suffirait pour permettre au gouvernement d'abolir un impôt aussi lourd que celui du sel.

La question de savoir jusqu'à quel point il convient à un gouvernement de disposer de ses droits de propriété suggère des considérations de la plus haute importance pour des contrées nouvellement colonisées comme l'Australie. Dans ce pays, de vastes étendues de terre ont été vendues par le gouvernement, et lorsque les sommes reçues sont traitées comme revenu ordinaire, on arrive immédiatement à se demander s'il est sage d'adopter un arrangement qui permet en réalité a un capital d'être consacré au revenu. Je ne puis m'empêcher de croire qu'il n'est pas avantageux à l'État de se défaire absolument des droits de propriété qu'il a sur le sol. Je crois que c'est à peine si l'on peut exagérer les avantages économiques qui résultent de l'association de la propriété et de la culture du sol, — cependant le stimulant industriel donné par le sentiment de propriété subsisterait intact, si dans un pays comme l'Australie, le gouvernement conservait une part dans la propriété du sol au moyen d'un impôt foncier, qui, au lieu d'être capitalisé comme on l'a fait en Angleterre et racheté par un paiement unique, participerait dans une faible proportion au revenu annuel de la terre. Admettez qu'en Australie la terre ait été vendue avec la condition qu'un dixième ou même un vingtième du revenu annuel dût être payé sous forme de *land tax*, l'esprit d'entreprise n'aurait pas été découragé ; d'autre part le revenu que l'État aurait retiré à mesure que la population aurait augmenté, constituerait une importante ressource nationale ; on aurait le moyen de supprimer beaucoup d'impôts, qui sans cela auraient dû être imposés.

J'ai cru nécessaire de faire ces remarques, afin de bien marquer les différentes issues impliquées par l'abandon des droits de propriété que l'État peut encore posséder ou par la reprise de ces droits, là où comme en Angleterre ils ont été depuis longtemps abandonnés. En envisageant les propositions tendant

à la nationalisation de la terre en Angleterre, on devra en premier lieu décrire quelques-unes des conséquences qui se produiraient si l'on n'accordait pas de
compensation ou une compensation insuffisante aux
propriétaires. Je discuterai ensuite le sujet, en supposant qu'une indemnité complète a été donnée et que
l'État a acheté la terre au prix marchand du jour.
Comme résultat d'une enquête soigneuse, je suis par-
venu à la conclusion, que jusqu'à l'apparition du livre
de M. George, presque tous ceux qui en Angleterre se
sont faits les avocats de la nationalisation, — les
membres de l'Internationale inclus — n'ont jamais
nourri l'idée que la terre dût être confisquée sans
une indemnité complète. En Angleterre peut-être
plus que dans n'importe quel pays, le respect des
droits de propriété est largement répandu; certainement nombre de gens, appartenant aux classes
ouvrières, n'ont pas perdu de vue le fait que, si l'on
s'engageait une fois dans la politique de confisquer
la terre sans indemnité, ce n'est pas seulement la
propriété des riches que l'on prendrait de la sorte;
le petit propriétaire, celui qui par des années de
minutieuse économie et de labeur patient a acquis
un lopin de terre, serait englouti dans le tourbillon
de la spoliation. Il serait impossible de dire où cette
appropriation en masse s'arrêterait. Les grands pro-

priétaires et les propriétaires paysans ne seraient pas
les seules victimes. Si l'État prenait sans indemnité
toute la terre du pays, l'ouvrier qui, par l'intermédiaire des *building societies* est aujourd'hui capable
d'appeler sa maison sienne, se trouverait lui-même
dépossédé du sol sur lequel cette maison est située.
Si la nationalisation de la terre sans compensation
constitue ainsi une injustice flagrante, on peut démontrer qu'une nationalisation mitigée par une indemnité, — bien que moins injuste, serait infiniment
funeste dans ses conséquences. D'après M. Robert
Giffen, qui est une autorité incontestée en matière de
statistique, le loyer annuel de la terre pour l'agriculture en Angleterre est de 66 millions de lives sterling
environ. Capitalisez cela sur le pied de trente ans, et
la somme nécessaire pour indemniser les propriétaires du sol sera de 2 milliards de lives, — trois fois
le total de la dette publique anglaise. Et une fois que
l'État sera propriétaire du sol, qu'en fera-t-il? Quel
principe règlera le taux des loyers? Qui décidera quels
lots particuliers il faudra accorder à ceux qui les de-
manderont? Si le loyer doit être déterminé par la
concurrence sur le marché libre, sous quel rapport le
cultivateur sera-il dans dans une meilleure situation,
s'il paie un loyer réglé par la concurrence entre les
mains de l'État plutôt qu'entre celles d'un particulier?

7.

et si l'on n'exige pas le prix courant, qui supportera la perte? à quel fonds emprunter ce qui sera nécessaire pour combler le déficit? Il y a une seule réponse à cette question : le déficit devra être comblé au moyen de l'impôt général du pays, et une augmentation dans les charges de l'impôt signifie qu'on enlève davantage encore aux salaires si durement gagnés du peuple. On peut envisager le sujet tout aussi bien d'un autre point de vue. Si le gouvernement possédait la terre et qu'il se mît à la donner en location sur d'autres termes que ceux qui règlent les transactions ordinaires du commerce, cela ouvrirait la porte toute grande à des occasions infinies de patronage officiel et de favoritisme — la corruption démoralisatrice qui en résulterait serait bien plus étendue et bien plus fatale par ses suites que la perte pécuniaire même, qui résulterait de l'exécution du projet. Si la terre devait être distribuée comme une matière de patronage, qui aurait les lots fertiles? qui serait relégué à ces terrains stériles, qui même dans les conditions les plus favorables, paient à peine les frais de culture? Il semble donc que la nationalisation du sol conduit forcément au dilemme suivant:

La terre est louée à un prix moindre que le prix marchand, — c'est alors un champ illimité de patronage gouvernemental, avec l'accompagnement de corruption et de démoralisation ; — la différence entre le prix auquel on louerait la terre et le prix qu'on obtiendrait par la concurrence, entraînerait un déficit annuel énorme, qu'il faudrait combler aux dépens de l'ensemble des contribuables.

Ce déficit ne représenterait pas la perte tout entière, parce qu'il est incontestable que le fait de contracter un emprunt de deux milliards de livres sterling, — qui est la valeur du sol consacré à l'agriculteur — affecterait sensiblement le crédit de l'État. Le gouvernement devrait emprunter à de moins bonnes conditions, et plus les conditions seraient désavantageuses, plus la différence entre le revenu des loyers et l'intérêt annuel de l'emprunt serait considérable, par conséquent plus la perte de la communauté serait grande. Si, afin d'éviter cette perte et afin de rémédier à la difficulté de distribuer la terre parmi les divers compétiteurs, on décidait, au lieu de louer la terre à un *fair price*, de l'offrir à la concurrence sur le marché libre, les loyers qu'on paierait seraient des *rack-rents*, et en quoi cela améliorerait-il la condition des cultivateurs, si le fermage payé à l'État est aussi élevé que la *rack-rent* qu'ils devaient jadis au particulier. Loin de devenir meilleure, la condition de l'agriculteur serait dans beaucoup de cas pire qu'auparavant. Le propriétaire particulier peut tenir compte de bien des circonstances, que l'État peut à peine prendre en considération. Sous le régime présent, il arrive fréquemment que les droits d'un vieux tenancier à un meilleur traitement ne sont pas ignorés; bien des propriétaires ne veulent pas déplacer un vieux tenancier et cela bien qu'en plaçant la ferme sur le marché, en s'adressant à la concurrence, les propriétaires puissent très probablement obtenir un prix un peu plus avantageux. On ne saurait, à notre avis, insister assez sur ce point: en vue d'assurer une garantie contre le favoritisme, l'État sera obligé d'administrer conformément à des règles strictement définies. Si l'État est propriétaire, on devra percevoir le fermage avec la même rigueur qu'on perçoit les impôts ordinaires. L'effet de la nationalisation pour les cultivateurs serait de tenir la terre sous un système du plus rigide *rack-renting* [1].

On prétend parfois que si la terre était nationalisée, les inconvénients auxquels nous venons de faire allusion, seraient plus que rachetés par l'introduction d'un système perfectionné de tenure du sol. Si le cultivateur louait directement de l'État, il serait protégé contre une éviction arbitraire, et il serait

---

[1] Rente à outrance, le maximum de loyer qu'on peut extraire d'une ferme.

sûr d'obtenir une compensation suffisante pour toutes les améliorations que son habileté ou son capital ont pu effectuer dans le sol. Il ne me vient pas à l'esprit de vouloir déprécier l'importance d'un cultivateur qui jouirait de ces avantages. Mais l'*Irish land act de 1881* et le *Tenants' Compensation Bill for England and Scotland de* 1883 ont montré qu'il est possible d'assurer tous ces avantages (protection contre l'éviction arbitraire et indemnité pour les améliorations effectuées) sans mettre en mouvement tous les inconvénients qui suivraient la nationalisation. Tous ces systèmes de nationalisation, de redistribution, reposent sur l'idée qu'avec le progrès dans la richesse et dans la population d'un pays, la valeur des terres augmente constamment, et que la portion de plus-value, qui n'est pas l'effet d'une application du capital et du travail, mais qui résulte du progrès général de la nation, est une propriété appartenant à la communauté plutôt qu'à l'individu ; l'État peut loyalement se l'approprier. La proposition faite par J. S. Mill, peu de temps avant sa mort, que l'État s'approprie ce qu'il a nommé « unearned increment » dans la valeur du sol, a cherché à donner une portée pratique à cette idée. Mais bien qu'une proposition, sanctionnée par une autorité si élevée, mérite la plus grande considération, il ne me semble pas

qu'on puisse la défendre par des arguments tirés de
la justice ou de l'opportunité. Si l'État absorbait les
plus-values de l'avenir, ne serait-il pas tenu de dédommager les propriétaires, dans le cas où la terre
viendrait à se déprécier sans qu'il y eût de leur faute,
par suite d'une modification dans les conditions générales du pays?

Bien qu'il n'y ait pas lieu peut-être de supposer
que la récente dépression agricole soit permanente,
on ne peut nier que dans beaucoup de districts anglais il y a une baisse marquée dans le prix de vente
des terres[1], dans les dernières années; si donc l'État
s'empare de la plus-value dans les années de prospérité et que dans des temps moins heureux la dépré-
ciation doive être supportée par le propriétaire, la
terre sera immédiatement entachée d'un désavantage qui n'est inhérent à aucune autre espèce de
propriété. Si nous achetons une maison, une fabri-

---

[1] En ce moment la propriété foncière traverse une crise en Angleterre. Il y a beaucoup de vendeurs et peu d'acheteurs sur le
marché. La théorie courante de la plus-value constante subit une
contradiction des faits. La dépression actuelle dure depuis 1878; elle
a augmenté d'intensité au point qu'il est difficile de trouver des
acheteurs à n'importe quel prix. De la campagne elle gagnera les
villes et les maisons dont les prix ont augmenté d'une manière exa-
gérée, se déprécieront aussi. D'après les « *Income-tax returns,* » il
y a une diminution considérable dans le revenu de la terre, on peut
admettre d'ailleurs que cette crise ne sera pas éternelle. — A. R.

que, un navire, nous prenons l'achat avec ses chances de gain et de perte : pourquoi l'acheteur de la terre serait-il le seul à courir tous les risques de perte, sans avoir les chances de gagner? Si, il y a trente ans, 100,000 livres sterling ont été placées en terres, et 100,000 livres en fonds de premier ordre, en actions de chemins de fer, de gaz, d'eaux, de banque, il est probable, en supposant ce dernier placement fait avec une intelligence moyenne, que la plus-value sur les titres sera bien plus importante que celle de la terre. La plus-value sur les actions se sera produite indépendamment des efforts ou de l'habileté du propriétaire, et il est permis de se demander pourquoi cette plus-value imméritée (unearned) doit rester propriété privée, si l'*unearned incre-ment* du sol doit être pris par l'État.

Je ne puis m'empêcher de croire que des projets de ce genre — nationalisation du sol ou confiscation des plus-values — nous entraîneraient en ce qui concerne la réforme foncière, dans une direction opposée à celle dans laquelle nous devons marcher. Associez à la propriété de la terre un désavantage, une incapacité quelconque, dont les autres espèces de propriété ne sont pas encombrées, et vous découragez les capitaux de se consacrer à l'amélioration du sol. Au contraire, tout devrait tendre à amener des

capitaux à l'agriculture. En ce moment, l'accumulation du capital en Angleterre est si considérable,
qu'il s'écoule dans un flot continu vers presque tous
les coins du monde. Cela a lieu à une époque où la
capacité productive de millions d'acres pourrait être
augmentée par une culture perfectionnée. A mesure que le champ d'occupation pour le travailleur
augmenterait à la campagne, les salaires hausse-
raient, une impulsion générale serait donnée à l'industrie et le surplus de nourriture qu'on retirerait
de la terre, apporterait un supplément de comfort
aux plus humbles foyers.

A mon avis, l'objet principal de la réforme dans la
tenure, c'est de débarrasser la propriété foncière de
toutes les restrictions qui limitent la quantité de
terre offerte à la vente, sur le marché. Les lois existantes de primogéniture, de substitution, combinées
avec un système coûteux d'actes, entravent la trans-
mission de la terre et diminuent ainsi les occasions
d'associer les propriétaires et les fermiers, les capitalistes et les agriculteurs. Une semblable association offre non seulement la meilleure garantie pour
l'efficacité de l'agriculture, mais encore elle serait
du plus grand avantage sous plus d'un rapport pour
la communauté tout entière. On peut se faire une
idée de l'avantage qui résulterait de cette union de

la propriété et de la *cultivation* du sol, en considérant combien l'industrie anglaise aurait peu de
chances de lutter victorieusement contre la concurrence grandissante de l'étranger, si les fabricants
anglais devaient louer leurs fabriques, tandis qu'ailleurs celles-ci seraient la propriété des fabricants.
On voit du premier coup l'infériorité où se trouveraient les Anglais, si toutes les fois qu'ils ont désiré
introduire de nouvelles machines ou améliorer autrement leur outillage, ils avaient dû s'inquiéter
d'abord de savoir s'ils n'auraient pas à abandonner
à l'État, sous forme d'une augmentation de loyer,
une partie des avantages qu'ils espéraient en tirer.
La législation pourrait donner au tenancier une garantie considérable pour les améliorations introduites par lui ; — mais on s'apercevra vite qu'aucune
législation ne peut donner un sentiment de sécurité
comparable à celui qu'éprouve un industriel, lorsqu'il sent qu'il applique son capital et son travail à
augmenter la valeur de sa propriété.

Le point du socialisme d'État sur lequel il nous
faut à présent attirer l'attention, c'est la construction
des chemins de fer, des canaux et d'autres travaux
publics au moyen de fonds fournis par le gouvernement. On a souvent demandé que les travaux publics
fussent entrepris aux frais de l'État, — ce système

cependant a été appliqué seulement dans des proportions restreintes en Angleterre. Sous de certaines conditions, des prêts sont consentis par l'État en faveur de municipalités ou d'autres corporations publiques. Les *Public Works Loan commissioners*, par l'intermédiaire desquels ces avances sont faites, ne les accordent que contre des gages suffisants, par exemple contre les taxes locales. Dans l'Inde le gouvernement dépense des sommes considérables pour les travaux publics ; le mobile qui le guide, ce n'est pas de donner du travail à ceux qui n'en ont pas. On suppose que la masse du peuple indien n'étant pas sur le même niveau de progrès social que celui de ses gouvernants, il est nécessaire de construire à sa place les chemins de fer, les canaux qui ne seraient pas exécutés par l'initiative privée des Indiens eux-mêmes.

Des considérations de cette nature justifient jusqu'à un certain point le gouvernement d'étendre les travaux publics dans l'Inde ; l'expérience a démontré cependant que même dans ce pays, la plus grande attention et la plus active vigilance sont nécessaires pour empêcher de sérieux inconvénients. Souvent la construction de travaux publics a été pour le gouvernement de l'Inde une source de très grands embarras financiers. Lorsque le revenu sur les travaux n'est pas suffisant pour payer l'intérêt des emprunts contractés pour la construction, le déficit doit être comblé au moyen d'un surcroît de taxation générale, et dans un pays comme l'Inde, où la masse du peuple est excessivement pauvre, où les ressources de l'impôt sont très limitées, il est presque impossible d'exagérer le mal qui peut être infligé, s'il devient nécessaire de recourir à une élévation de l'impôt.

En France, la construction de travaux publics par l'État a été entreprise pour des motifs d'un ordre tout différent. En France l'objet qu'on a tout d'abord en vue, c'est de donner du travail aux classes ouvrières. On ne saurait supposer un seul moment que des travaux publics rémunérateurs ne seraient pas fournis par l'entreprise privée, avec des capitaux privés. Nulle part la richesse n'est aussi répandue, aussi accumulée qu'en France, l'énormité des sommes qui se présentent à tout nouvel emprunt, montre qu'il est presque impossible de placer une limite à la quantité de capitaux que les Français sont disposés à avancer lorsqu'ils considèrent l'occasion comme propice à un placement sûr et avantageux. Si donc un chemin de fer, un canal, n'est pas construit en France par l'initiative privée, on peut conclure que de l'avis des Français, l'entreprise n'offre pas de chances raisonnables de bénéfices. L'expérience a prouvé qu'un établissement industriel, exploité par l'État ou construit par lui, ne mène pas à une économie plus grande que s'il est entre les mains de l'industrie privée, — l'État dépense davantage. Un ouvrage quelconque auquel l'initiative privée a renoncé parce qu'il n'est pas rémunérateur, ne le deviendra certainement pas davantage s'il est entrepris par l'État. C'est de nouveau la même difficulté, que nous avons rencontrée en parlant de la nationalisation de la terre. Sur qui retombera la perte? il nous faut répondre une fois de plus : l'État, loin d'avoir aucune réserve de richesse à laquelle il pourrait recourir, de façon à n'appauvrir personne, doit obtenir chaque shilling qu'il dépense, à l'aide de l'impôt. On fera bien de ne pas perdre de vue que toute taxation prend plus dans la poche des contribuables, que l'État ne reçoit. Ce n'est pas un calcul exagéré que d'admettre que si l'exécution d'une politique de travaux publics a abouti à un déficit de 5 millions, la perte réelle pour la communauté aura été de 6 millions, — en tenant compte des frais de perception et des entraves apportées au commerce et à l'industrie par une augmentation d'impôts. Une autre considération mérite la plus sérieuse attention. Si l'État dépense de grandes sommes pour les travaux publics, il détourne le courant naturel du travail. De grandes masses d'ouvriers sont rassemblés dans des districts particuliers; lorsque la dépense commence à se ralentir, ils réclament naturellement une autre occupation, et le gouvernement, afin d'a·paiser le mécontentement politique, peut être forcé de consentir à de nouvelles dépenses. Comme exemple instructif des embarras auxquels s'expose un gouvernement en s'ingérant dans le développement naturel de l'industrie, on peut citer ce qui s'est passé en France, au printemps de 1883 : il y avait une grande détresse parmi les ouvriers parisiens; beaucoup de ceux-ci avaient été attirés vers la capitale par les salaires élevés qui avaient accompagné l'exécution de travaux publics sur une grande échelle. La demande de travail devint si persistante qu'il fut sérieusement question de proposer la commande de nouveaux mobiliers pour toutes les administrations publiques à Paris, non parce qu'on en avait besoin, mais afin de trouver de l'occupation en faveur des ébénistes sans ouvrage. Il ne serait pas plus déraisonnable de louer des gens pour casser les réverbères, dans l'intention de fournir du travail à ceux qui auraient à les refaire.

Des considérations analogues s'appliquent à tous les projets, qui éclosent de temps à autre, en vue de faire exécuter diverses entreprises au moyen de

fonds de l'État, au lieu de recourir à l'initiative privée. Ainsi les socialistes modernes ont souvent posé
dans leur programme la thèse que les institutions
coopératives devaient être assistées de capitaux avancés par l'État. Je mets le plus grand prix au développement de la coopération, — cela n'empêche pas de
croire qu'un tort irréparable serait infligé à ce mouvement, si les fondateurs d'institutions coopératives
s'accoutumaient à compter — non sur leurs propres
efforts, mais sur l'assistance de l'État. Il est bon de
relever que, des institutions coopératives françaises,
qui en 1848 ont reçu l'aide de l'État, aucune n'a obtenu un succès permanent. Cet échec s'explique facilement. Toute industrie est sûre d'avoir à lutter contre
des heures difficiles, contre des revers de fortune;
le plus sûr moyen de triompher de ces difficultés,
c'est de s'armer de patience, de soin et de persévé-
rance; rien n'est plus apte à conduire à l'insuccès,
que si l'on est encouragé à relâcher ses efforts par le
sentiment qu'en cas de nécessité, on pourra s'adres-
ser au coffre de l'État. Le crédit d'une entreprise
commerciale est-il bon, il n'y a aucune difficulté à
obtenir une avance de la part des banquiers et
d'autres personnes, dont l'occupation spéciale est de
garantir un placement avantageux aux grandes sommes placées à leur disposition. Si l'État fait des prêts

dans les cas où on peut obtenir des avances par les voies ordinaires du commerce, il est évident qu'il court un risque de faire des pertes qui nécessiteront une augmentation d'impôts.

En Angleterre on a accordé peu d'appui aux projets consistant à venir en aide aux institutions coopératives par des prêts de l'État, — cependant dans les dernières années l'opinion publique a accueilli avec faveur d'autres plans qui ont une grande resremblance avec ceux dont nous venons de parler. En Irlande, l'État avance les trois quarts du prix d'achat, afin de permettre aux petits fermiers d'acquérir la terre qu'ils cultivent, et il est clair qu'un effort sera fait en vue d'étendre ce système à l'Angleterre et à l'Écosse. Considérez le plan seulement sous son aspect financier : il est évident de prime abord qu'un tel emploi des fonds publics peut amener des pertes que l'ensemble des contribuables devra supporter. En effet, si l'argent de l'État qui est avancé pouvait être considéré comme placé sûrement, il n'y aurait pas nécessité de recourir à l'assistance de l'État. De plus, si l'on peut invoquer l'assistance de l'État pour permettre à de petits fermiers de devenir propriétaires, il n'est pas douteux que le système de l'assistance de l'État devra être étendu. Les ouvriers dans les villes penseront, et non sans raison, qu'ils ont droit à participer aux bienfaits de l'assistance par l'État, ils seront fondés à réclamer l'aide du gouvernement dans une certaine mesure, afin de pouvoir devenir propriétaires de la maison qu'ils habitent. De semblables revendications seront puissamment stimulées, s'il devenait nécessaire d'imposer un surcroît de taxation, par suite des pertes qui pourraient résulter sur les avances faites par l'État : inévitablement il naîtrait le sentiment, que si la communauté est mulctée afin d'accorder des avantages à une classe spéciale, ces avantages doivent être partagés par tous ceux qui ont à porter le fardeau. Il faut craindre en outre que la perte pécuniaire ne soit pas le mal le plus sérieux, qui résulterait d'une vaste extension du plan de créer de petites propriétés foncières au moyen de prêts de l'État. Il faut peser soigneusement la question de savoir si le projet de créer des paysans propriétaires par l'aide de l'État n'aboutirait pas au même résultat que les tentatives analogues qui ont été faites pour développer les institutions coopératives. Que quelques centaines de mille de petits fermiers soient débiteurs de l'État, il n'est pas improbable que, dans les périodes de dépression agricole, ils ne déploient pas davantage d'énergie et d'esprit d'entreprise pour surmonter leurs difficultés, — ils seront encouragés à chercher un remède dans les voies tortueuses d'une agitation politique. On représentera l'État comme un maître rigoureux, extorquant le dernier centime des malheureux appauvris, et un concours politique sera donné à ceux qui prendront les engagements les plus solennels d'assurer une remise partielle des dettes encourues.

Il paraît probable que le projet de socialisme d'État, qui acquerra en Angleterre la plus grande importance, dans un avenir prochain, c'est l'établissement de meilleurs logements pour les pauvres au moyen de fonds fournis par la taxation générale ou locale [1]. Il est pour ainsi dire impossible d'exagérer les maux qui résultent de l'entassement d'une grande partie de la population dans des habitations malsaines et misérables à Glasgow. D'après des chiffres cités par M. Bright dans son discours de recteur de l'université en 1883, 41 0/0 des familles dans cette ville si riche, demeurent dans une seule pièce, et en dehors de ce 41 0/0, 37 0/0 occupent seulement deux chambres. En présence d'un pareil état de choses, il ne faut épargner aucun effort pour rendre efficaces les améliorations qu'on essaye de faire pour les loge-

---

[1] Voir l'étude que nous avons publiée dans le *Journal des Economistes*, numéro de février 1884, sur la misère à Londres et la question des logements d'ouvriers.

ments d'ouvriers. Il n'y a pas de divergence sur l'objet à atteindre, — la question de savoir si cet objet sera atteint en édifiant des maisons aux frais de l'État, surgit immédiatement. Il y a une distinction importante entre l'intervention de l'État au point de vue sanitaire et son intervention pour fournir des maisons à meilleur marché que ne pourrait le faire l'entreprise privée. Il ne manque pas de raisons sérieuses, qui conduisent à la conclusion qu'il est avantageux à l'État d'intervenir avec le double objet, d'une part, d'empêcher la construction de maisons malsaines, d'autre part, de défendre qu'on laisse des habitations dans une condition sanitaire assez mauvaise pour être un danger pour les habitants et pour devenir un foyer d'infection pour le voisinage. Si l'État ou la municipalité, après avoir construit des maisons, n'en tirent pas un intérêt suffisant pour couvrir l'intérêt du capital dépensé, il faut bien que la différence soit comblée à l'aide d'un impôt local ou général. On peut montrer sans peine que, dès que l'État dépasse les limites de cette ingérence sanitaire et qu'il essaie de contrôler les loyers par la construction à ses frais de maisons, on ouvre la porte à des difficultés sans fin. Un surcroît de taxe générale devra en fin de compte être payé par le pauvre, et sans vouloir discuter la question difficile de l'incidence

des taxes locales, on peut dire que les locataires de
la maison paient une grande partie des taxes. Si donc
il devenait nécessaire par suite des opérations de la
municipalité, construisant des maisons, d'augmenter
les taxes, le résultat inévitable serait que les gens
assez heureux pour avoir été choisis comme locataires municipaux, se débarrasseraient d'une partie
du loyer, qu'ils auraient payé daus les circonstances
ordinaires, sur le dos des autres habitants. Non seulement ce serait une injustice manifeste, mais le mal
même qu'on aurait voulu guérir en serait aggravé. Un
ouvrier peut dépenser une partie de son salaire pour
son loyer; supposez que la somme dépensée par un
ouvrier qui gagne 37 fr. 50 par semaine, soit 7 fr. 50
pour loyer et impôts réunis, — le loyer étant de
5 fr. 50 et les taxes absorbant 2 francs. Si l'on augmente les taxes de 60 centimes par semaine, la
somme qu'il pourra consacrer à son loyer sera réduite de 5 fr. 50 à 4 fr. 90 et le logement qu'il
obtiendra pour ce prix, sera d'autant plus mauvais.

Il y a encore une autre difficulté à envisager. Comment les municipalités feront-elles le choix des heureux locataires qui jouiront en partie aux frais du
public, de l'avantage de loger dans des maisons dont
le loyer aura été artificiellement réduit? Il est évident que la pauvreté ne peut être prise comme prin-

cipe de sélection, parce que si on le faisait, ce serait un encouragement direct et puissant à l'imprévoyance.

Rien ne serait plus désastreux que de faire sentir au pauvre industrieux qu'il est taxé pour qu'on puisse donner des maisons meilleures et moins chères que la sienne à des gens qui se sont appauvris par intempérance ou par imprévoyance. Si aucun principe de sélection n'est adopté et si les maisons bâties par l'État ou les municipalités sont louées au prix le plus élevé qu'on pourrait obtenir, il n'y a aucun motif de supposer que l'État ou la municipalité soit en état de faire une concurrence heureuse sur ce terrain à l'industrie privée. Si c'était le cas, le résultat serait le suivant : ceux qui vivraient dans des maisons construites aux frais publics, paieraient des loyers de concurrence; probablement ces loyers ne suffiraient pas à couvrir les intérêts du capital et les dépenses de l'administration, et le déficit serait couvert par une augmentation de l'impôt national ou par une addition aux taxes locales.

L'intervention de l'État ou de la municipalité, en vue de fournir des maisons, aurait un résultat particulièrement malheureux : elle découragerait les efforts que la classe ouvrière fait en ce moment en Angleterre pour se procurer des habitations. Il n'y a

rien qui fasse naître plus d'espérance et de confiance dans tout ce qui se fait pour améliorer la
condition sociale du peuple, que le développement
remarquable qui s'est produit dans ces dernières
années dans les sociétés de construction (building
societies). On évalue à plus de 750,000 le nombre
des membres, dont une grande partie sont devenus
ou sont en train de devenir propriétaires de la maison
qu'ils habitent, grâce à une accumulation de petites
économies. Il n'y a pas de plus sûr moyen, à mon
avis, de tarir ce grand courant d'efforts personnels
et de confiance en soi que d'enseigner aux classes laborieuses qu'elles doivent moins compter sur leurs
propres efforts que sur l'État, ou la municipalité pour
leur fournir les habitations dont elles ont besoin [1].

Le système de socialisme d'État, sur lequel il nous
faut à présent appeler l'attention, ce sont les projets
qui ont reçu la sanction d'une autorité aussi haute
que celle du prince de Bismarck, et qui ont pour but
de créer, en partie à l'aide d'une taxe spéciale levée

---

[1] Il arrive souvent qu' des personnes s'affilient à des « building
societies », non point pour acheter une maison, mais simplement
afin de faire un placement. On ne doit pas perdre de vue que le
chiffre donné plus haut comprend seulement les membres de sociétés
enregistrées. Comme beaucoup de sociétés ne sont pas enregistrées,
il n'est pas incorrect probablement de supposer que 750,000 personnes ont acquis ou sont en train d'acquérir la propriété de la
maison qu'elles habitent grâce aux sociétés de construction.

sur les patrons, un fonds qui devra servir de fonds d'assurance contre les accidents et de secours en cas de maladie des ouvriers. On a suggéré parfois l'idée que ce projet est une excroissance naturelle du système de militarisme, qui a atteint son plus grand développement en Allemagne; le service militaire obligatoire aurait imposé une tension si grande aux classes industrielles, qu'il serait nécessaire de recourir à des mesures exceptionnelles afin de soulager celles-ci. Je sortirais de mon sujet, si je voulais examiner ce projet autrement que sous son aspect économique. Afin d'exposer clairement les conséquences économiques qui en résulteront, il faut supposer que le projet est mis en œuvre de la manière la plus simple, et que l'argent nécessaire est obtenu en partie à l'aide d'une taxe spéciale, 10 0/0, par exemple, perçue sur les bénéfices des patrons. Il importe tout d'abord d'envisager l'effet de cet impôt, non seulement sur les patrons, mais encore sur le reste de la communauté. Il se présente de suite trois questions :

1° La taxe sera-t-elle réellement payée par les patrons?

2° Les patrons pourront-ils se dédommager par une hausse sur le prix des produits et se débarrasser du fardeau sur le dos des consommateurs?

3° Les patrons pourront-ils, en conséquence de l'impôt, abaisser le taux des salaires et faire en réalité supporter l'impôt par les ouvriers?

La réponse à ces trois questions montrera clairement qu'en fin de compte l'impôt sera supporté entièrement ou dans une forte proportion par les ouvriers. Supposez que l'impôt en première instance est payé par le patron et que ses bénéfices diminuent en proportion. Cette diminution dans les bénéfices rendra moins désirable d'engager son capital dans l'industrie du pays; en effet, si le capital était employé d'une autre façon, par exemple à acheter des fonds d'État ou exporté pour être placé à l'étranger, on éviterait le paiement de l'impôt. Diminuer l'encouragement à appliquer des capitaux à l'industrie nationale, n'aurait d'autre conséquence que de diminuer la demande de travail; les salaires baisseraient, et la taxe, bien que payée par les patrons, serait fournie en grande partie par les ouvriers.

On peut faire voir aisément que de très sérieux résultats suivraient, si les patrons essayaient de se dédommager de leurs pertes, dues à la taxe, en haussant le prix des produits. Dans chaque pays, pour la majorité des industries, il y a une concurrence acharnée et incessante entre le producteur indigène et le producteur étranger; si le prix des produits nationaux est surélevé artificiellement, l'effet inévitable sera de placer le commerce national dans une position désavantageuse. Les affaires se restreindront, bénéfices et salaires diminueront, et il se pourrait fort bien que le sacrifice imposé de la sorte au patron et à l'ouvrier soit bien plus considérable que le montant de la taxe. En admettant même que la concurrence n'existât pas, et qu'il fût possible de maintenir une hausse des prix suffisante pour indemniser le patron, l'ouvrier, constituant de beaucoup la classe la plus nombreuse, aurait à payer un supplément pour ses achats, et serait certainement tout aussi imposé que si en première instance, la plus grande partie de la taxe était perçue sur lui. Le même résultat se produirait, si le patron, à la suite de cet impôt, réduisait le taux des salaires, afin de se mettre sur un niveau d'égalité avec ses concurrents étrangers.

La conclusion inévitable, c'est qu'il n'y a pas de moyen pour empêcher que la taxe ne soit entièrement ou en grande partie payée par les ouvriers. L'effet du projet sera le même que si les ouvriers étaient taxés directement, dans le dessein de former un fonds d'assurance et d'annuité pour leur propre bénéfice. Au milieu des objections nombreuses que soulève ce projet d'économie obligatoire, on peut relever celle-ci : il serait impossible au gouvernement d'obtenir de l'argent pour un fonds d'assurance, ni chez les ouvriers sans travail ni chez ceux qui gagnent à peine de quoi suffire à leur propre entretien. Si le gouvernement essayait de le faire, il serait sûr de provoquer un sentiment d'amère rancune. Bien des formes de prévoyance, telles que l'assurance, l'économie en vue de la vieillesse et de la maladie, qui se répandent rapidement, deviendraient impopulaires. On trouverait que non seulement le gouvernement a échoué dans ses tentatives d'introduire un système d'économie obligatoire, et que la réaction qui s'ensuivrait, aurait pour effet de rendre le peuple moins économe que si l'État n'avait jamais essayé de le contraindre à économiser.

Un gouvernement peut, par une intervention mal avisée, retarder matériellement les mouvements sociaux et économiques qui sont de nature à améliorer grandement la condition du peuple; — cependant l'État peut exercer une influence très heureuse en offrant au public diverses organisations qui rendent plus aisée la pratique de la prévoyance. C'est un bien sans mélange que celui, par exemple, qui résulte de la création des caisses d'épargne. On peut affirmer que le peuple a beaucoup plus de disposition à faire des économies pour l'avenir, quand il sent qu'il peut compter sur la sécurité de l'État et quand il sait que ses années d'épargne ne seront pas perdues pour lui, comme cela aurait été le cas, s'il avait confié ses économies à des Compagnies insolvables. Il est toutefois de la première importance, que les entreprises de l'État soient conduites dans un véritable esprit commercial et se suffisent à elles-mêmes. C'est ainsi que les caisses d'épargne postales, loin d'imposer aucune charge aux contribuables, font en Angleterre des bénéfices suffisants pour garantir l'État contre tout risque de pertes. Si on s'écarte de ce principe, on ne trouve que des mécomptes. Que l'État par exemple pour encourager l'épargne, alloue un intérêt plus élevé aux déposants que l'intérêt réel, il faudra taxer la communauté en général au bénéfice d'une classe spéciale. Les partis politiques rivaux, entraînés par l'amour de la popularité, renchériront les uns sur les autres, aussitôt qu'on sera sorti de la voie d'une politique financière raisonnable, pour offrir des taux d'intérêt plus élevés, augmentant ainsi sans cesse le fardeau qui pèse sur les contribuables.

Tout en appelant l'attention sur les périls du socialisme d'État, on ne doit pas en conclure qu'il faille condamner nécessairement toute institution. Ainsi, par exemple, comme on le verra dans le chapitre suivant, la loi anglaise sur les pauvres repose certainement sur le socialisme, puisqu'on confère à des gens dépourvus de moyens d'existence, un droit légal à se faire entretenir par le public. Il ne serait toutefois pas prudent de conclure que le *poor law* dût être aboli, à cause du socialisme dont il est entaché. C'est un cas dans lequel il faut peser les avantages et les inconvénients. Si on l'abolit, on aura toutes les conséquences fâcheuses des entreprises de charité mal conçue, les maux seront plus grands que ceux qui résultent d'un système de loi des pauvres, lorsqu'il est administré avec soin et discernement. L'expérience a amplement démontré qu'un gouvernement, qui s'engage dans la voie du socialisme jusqu'à garantir l'entretien à tous les gens dépourvus de moyens d'existence, qui s'adressent à lui, — encourt une bien grave responsabilité : si l'on n'exerce pas dans l'application la prudence nécessaire, on expose la communauté aux plus grands dangers. Avant la nouvelle loi sur les pauvres (1834), l'insouciance et le relâchement de l'administration avaient tellement encouragé le paupérisme, que l'industrie anglaise semblait devoir être paralysée à jamais par les charges qui lui étaient imposées. Si l'on ne déploie pas une grande vigilance à restreindre l'*out-door relief*, les inconvénients antérieurs pourront se renouveler ; la pauvreté et la souffrance évoquent naturellement tant de sympathie, qu'on créerait facilement une agitation tendant à une administration plus libérale des secours aux indigents.

On propose souvent d'étendre l'application des principes de la loi sur les pauvres. C'est ainsi que beaucoup de personnes en Angleterre, en présence de la difficulté qu'éprouvent les gens à faire les frais de l'éducation de leurs enfants, insistent pour que l'instruction gratuite soit accordée, aux frais du public, à tous ceux qui la réclameront. On défend cette proposition par divers arguments ; on dit par exemple que comme l'argent nécessaire à la gratuité de l'instruction sera fourni par les contribuables, les parents continueraient à payer pour l'éducation de leurs enfants, bien que d'une manière indirecte. Le même raisonnement justifierait une extension du système de la loi sur les pauvres, si bien que l'entretien aux frais du public ne serait pas limité comme aujourd'hui aux indigents ; le droit d'y recourir pourrait être accordé aussi à tous ceux qui le réclameraient. On dit parfois que l'instruction obligatoire a été introduite, parce qu'il est dans l'intérêt de l'État que les citoyens soient instruits, et puisque c'est un intérêt national, on trouve bien naturel que l'État en supporte la dépense. Si ce principe était accepté, la responsabilité de l'État s'accroîtrait indéfiniment. C'est un avantage national que le peuple soit bien nourri, bien habillé, bien logé; sous ce prétexte, on pourrait aussi bien proposer que l'État se chargeât du soin de nourrir, de loger et d'habiller tout le monde. Il est plus vrai de justifier l'intervention de l'État entre parents et enfants, en disant qu'elle a sa source dans les droits qu'a l'État de protéger l'enfant, lorsque les parents qui ont la responsabilité manquent à leur devoir envers lui. On peut reconnaître qu'aujourd'hui, en Angleterre, une grande partie des dépenses de l'instruction publique est couverte par des subventions qui proviennent des taxes générales ou locales, et qu'on a fait de tels pas dans le sens de l'éducation gratuite, qu'il ne résulterait certainement pas un grand mal de l'application complète du système de la gratuité. Dans mon opinion néanmoins, il faut prendre grand soin de maintenir le principe de la responsabilité individuelle des parents en ce qui concerne l'éducation de leurs enfants; au lieu de supprimer entièrement cette responsabilité, il faut encourager le peuple à considérer le système présent seulement comme un arrangement temporaire. Il faut qu'il comprenne qu'au lieu d'augmenter la charge qui pèse sur les autres au profit de l'éducation de ses enfants, l'avenir devra au contraire tendre à la diminuer.

En terminant ces observations sur le socialisme d'État, nous ne pouvons nous empêcher de penser que d'ici à un certain temps à venir, un grand nombre des projets que nous avons examinés attireront sous diverses formes et dans une large proportion l'attention de l'État. En essayant d'expliquer les suites que pourrait amener l'adoption de ces projets, nous regretterions vivement de n'avoir pas rendu justice aux mobiles de ceux qui s'en font les avocats. Nous pensons que beaucoup de ces combinaisons feraient du mal, et nous ne doutons pas cependant que la grande majorité de ceux qui les ont défendues, ne soient mus par le désir de concourir au progrès moral, social et matériel. La conclusion à laquelle nous arrivons entre toutes est celle-ci : *tout projet, quelque bonnes qu'aient été les intentions qui l'ont fait naître, accroîtra indéfiniment les maux qu'il cherche à soulager, s'il affaiblit la responsabilité individuelle, s'il encourage le peuple à compter moins sur lui-même et davantage sur l'État.*

CHAPITRE V.

Poor law (loi des pauvres) et son influence sur le paupérisme.

Historique de la législation. — Lois rigoureuses contre le vagabondage et la mendicité sous le règne de Richard III. — Nécessité d'une législation nouvelle sous Henri VIII à la suite de la suppression des monastères, qui avaient été des centres d'aumônes. Diverses lois pour essayer de distinguer entre le paupérisme volontaire et la pauvreté involontaire, et pour contrôler la charité privée. — L'expérience recueillie mène à la loi des pauvres d'Élisabeth en 1601, qui établit définitivement pour la première fois le droit de toute personne destituée de tout à recevoir des secours et en même temps prend des précautions contre le paupérisme volontaire. — La loi d'Élisabeth continue à exister sans modifications, à l'exception de lois qui en renforcent le principe, comme l'introduction du *workhouse test* en 1723, jusqu'au milieu du xviiie siècle. — Le paupérisme était à cette époque si insignifiant, qu'il semble qu'on ait cru inutile de maintenir la sévérité de la loi d'Élisabeth. — On abandonne le *workhouse test*. Lois de 1782 et de 1815 qui suppriment presque toutes les entraves qui pesaient sur le paupérisme volontaire. — Conséquences de ce relâchement; l'encouragement à l'immoralité, à la prodigalité; l'Angleterre est tout près d'une banqueroute nationale. — Les taxes menacent d'absorber plus que la valeur entière du sol. — Le paupérisme devient une profession plus lucrative que le travail honnête. — Cet état de choses désastreux conduit à nommer la Commission d'enquête de 1832 et à faire la loi nouvelle des pauvres, qui rétablit presque toutes les restrictions d'Élisabeth contre le paupérisme volontaire. — Une comparaison des lois d'Angleterre, d'Irlande et d'Écosse prouve que la somme de paupérisme dépend en grande partie des restrictions placées sur les distributions des secours à domicile. — Bien que le paupérisme ait diminué en Angleterre et en Écosse et augmenté en Irlande, il est cependant moins considérable en Irlande qu'en Écosse et en Angleterre, en proportion de la population. — Le *Metropolitan Poor Act* décourage le secours à domicile dans Londres et a été fort utile pour diminuer le paupérisme. — La somme de paupérisme dans les diverses unions de l'Angleterre varie grandement et dépend en partie de l'habileté avec laquelle la loi actuelle est administrée. — Presque tous les motifs d'une administration économique disparaîtraient s'il y avait une taxe des pauvres nationale. — Les dangers inhérents à la loi des pauvres ne font pas demander par l'auteur qu'elle soit abolie. — Elle est précieuse en contrôlant en quelque façon la charité privée qui manque d'organisation et de discernement; elle protège les classes les plus pauvres contre le désespoir causé par une perspective de détresse absolue. — Socialiste dans son caractère, la loi des pauvres offre une garantie contre les extrêmes du socialisme révolutionnaire. — Influence de l'éducation, de la coopération et de l'épargne pour prévenir le paupérisme. — Obstacles à l'emploi des femmes encourageant le paupérisme. Tout emploi fermé aux femmes les pousse davantage vers les occupations ouvertes; encombrement de celles-ci et baisse des salaires. — Le principe des *factory acts* est juste si on l'applique aux enfants, indéfendable pour des femmes adultes.

Nous allons essayer de décrire l'influence que la loi
des pauvres a exercée en Angleterre sur le Paupérisme. Il est nécessaire tout d'abord de passer rapidement en revue les circonstances qui ont conduit à
l'établissement du système actuel d'assistance. Afin
de rendre le sujet aussi clair que possible, il importe de distinguer entre les deux formes sous
lesquelles le secours est accordé au pauvre. En premier lieu, le secours peut prendre la forme de l'aumône ou de la charité ; en second lieu, les fonds
distribués aux pauvres peuvent être administrés par
l'État et obtenus par les voies ordinaires de la taxation générale ou locale. Dans ce dernier cas, on dit
que le pays possède une loi des pauvres. En Angleterre il n'a pas existé de véritable loi (Poor law) jusqu'au règne d'Élisabeth. Avant 1838, l'assistance du
pauvre en Irlande n'état pas organisée par l'État ; elle
était abandonnée aux chances incertaines de la charité volontaire.

On peut sans peine remonter aux causes qui ont
amené l'établissement graduel d'un *Poor law* en
Angleterre. Tant que l'assistance du pauvre était
abandonnée à des efforts individuels, et par suite forcément inorganisés, il était évident qu'il en résulterait de graves inconvénients. L'aumône faite sans
discernement démoralise toujours ceux à qui l'on

veut venir en aide et augmente l'intensité des maux qu'on veut soulager. Ceux qui obtiennent la plus grosse part de la charité privée, ce sont ceux qui savent exciter la plus forte sympathie pour leurs souffrances. La mendicité devient ainsi une profession, dans l'exercice de laquelle les moins méritants ont souvent les plus beaux succès.

La mendicité et le vagabondage atteignirent de si grandes proportions, qu'on essaya de les réglementer en Angleterre à l'aide de nombreux actes du Parlement. Au milieu de la masse de lois votées dans ce dessein, une idée maîtresse, fondée sur des principes d'une incontestable sagesse, se dégage d'ordinaire. Le Parlement a montré le souci le plus vif d'indiquer la large distinction fondamentale qui existe entre la pauvreté volontaire et la pauvreté involontaire. Les diverses autorités locales reçurent l'ordre de traiter avec sympathie et générosité ceux dont la pauvreté était involontaire ; une justice sévère était réservée à la mendicité volontaire. Tout individu valide qui aimait mieux mendier que de travailler, provoquait dans la législation de ce temps-là, une violente indignation. Divers actes du Parlement, votés sous le règne de Richard II et de ses successeurs, se servent du terme de « *sturdy vagabond* » et de « *valiant beggar* » pour les désigner. Une de ces lois prescrit

la peine du fouet contre quiconque a été trouvé mendiant, quand il aurait pu se procurer du travail ; la seconde fois, une de ses oreilles devait être coupée, et
à la troisième fois, il devait être pendu comme un
ennemi de l'État. La sévérité même de la loi en rendit
l'application illusoire. De semblables pénalités étaient
trop cruelles pour qu'on les infligeât communément.
Mendicité et vagabondage allèrent en augmentant,
en dépit des efforts de la législation ; le mal finit par
devenir si menaçant pour le bien général, qu'on re-
connut la nécessité d'adopter une politique différente.
Au moment de la réforme, les monastères et les
maisons religieuses qui avaient été des centres d'aumônes et d'assistance furent supprimés ; l'attention
des législateurs se dirigea particulièrement alors vers
la condition du pauvre. Sous le règne de Henri VIII,
deux lois furent votées, dans lesquelles on peut découvrir le germe de la célèbre loi d'Élisabeth, qui
est l'origine du système actuel de *Poor law*. Ces deux
actes de Henri VIII, non seulement rendaient chaque
localité responsable de l'entretien de ses pauvres,
mais encore ils essayaient l'œuvre éminemment
utile de régler l'aumône. Le pauvre impotent devait
être renvoyé dans l'endroit où il était né, et les autorités locales avaient ordre, sous des peines sévères, de le traiter avec bonté et libéralité. A l'égard

des pauvres valides ou volontaires, une autre politique fut adoptée : on devait leur procurer du travail, et s'ils ne l'acceptaient pas, un châtiment rigoureux leur était réservé. La partie la plus importante
de ces actes parlementaires, est celle qui règle l'aumône. Tous ceux qui désiraient secourir le pauvre,
reçurent l'ordre de placer leurs contributions dans
un fonds commun, qui serait distribué par l'évêque
et le clergé. Si quelqu'un négligeait de le faire et
faisait la charité en particulier, il s'exposait à une
amende dix fois plus considérable que la somme
donnée par lui.

Les intentions qui avaient dicté ces prescriptions
étaient excellentes. On avait voulu évidemment
créer une ligne distincte de démarcation entre le
paupérisme volontaire et la pauvreté involontaire;
il n'était pas déraisonnable d'espérer qu'en décourageant l'aumône faite sans discernement, on diminuerait la mendicité et le vagabondage. La sévérité des lois ultérieures prouve que les intentions si
sages du législateur ne s'accomplirent pas. La raison
de cet échec est facile à saisir. Les distributeurs du
fonds commun n'avaient pas le pouvoir d'imposer
une taxe et d'obtenir ainsi des individus des contributions en rapport avec leurs ressources. Ce défaut
dans la loi fit probablement impression sur Élisabeth

et ses conseillers. Comme suite naturelle, on suggéra un remède qui fut incorporé dans la fameuse loi passée dans la 43ᵉ année de son règne (1601). Les points principaux sont faciles à indiquer. La loi donna pour la première fois à chacun le droit de réclamer assistance. Afin d'obtenir les fonds nécessaires, les autorités locales furent autorisées à imposer une taxe sur toutes les propriétés immobilières, — terres et maisons. Les pauvres valides furent forcés de travailler comme condition d'obtenir des secours. Le soin d'entretenir les pauvres valides incomba à ceux de leurs parents qui étaient en état de supporter cette charge. La loi pourvut également à la nomination annuelle, dans chaque paroisse, d'inspecteurs (overseers) qui furent responsables de la perception de la taxe et de l'administration des secours. Il y a si peu de différence, en ce qui touche les principes essentiels, entre les prévisions de la loi d'Élisabeth et celles du « New Poor law » de 1843, qu'on a du premier moment de la peine à comprendre ce qui a pu rendre cette dernière loi nécessaire. Il est probable aussi qu'il n'y aurait jamais eu nécessité de l'introduire, si la loi d'Élisabeth n'avait pas été corrompue.

Il ressort des prescriptions principales de la loi de 1601, qu'un de ses principaux objets était de traiter rigoureusement le paupérisme volontaire. Pendant cent-cinquante ans, on persévéra dans cette politique avec les plus heureux résultats. Le nombre des mendiants et des vagabonds diminua considérablement; les restrictions imposées aux pauvres valides furent regardées par eux comme si onéreuses, que bien peu, en dehors des pauvres impotents, réclamèrent des secours. De 1601 jusqu'au milieu du xviii⁰ siècle, plusieurs lois amendant celle d'Élisabeth furent votées, mais aucune n'affaiblissait les intentions primitives de la législation, au contraire celles-ci furent encore renforcées. Ainsi en 1723 (9ᵉ année du règne de Georges Iᵉʳ), une paroisse ou une union de paroisses, reçut le pouvoir de construire une maison de travail (workhouse); si le pauvre auquel on offrait d'y résider le refusait, il perdait tout droit à l'assistance. Cela permit aux autorités locales de diminuer et même de supprimer les secours à domicile (*out-door relief*). Il y a lieu de croire que, si les pouvoirs conférés aux autorités locales avaient davantage été employés, si elles en avaient tiré davantage parti, une grande partie du paupérisme, qui a affligé l'Angleterre, n'aurait jamais existé. Malheureusement une politique entièrement différente fut bientôt adoptée par le Parlement et sanctionnée par l'opinion publique. Il n'est pas improbable que ce changement doive jusqu'à un certain point être attribué à l'influence remarquable, que la loi d'Élisabeth a exercée en diminuant le paupérisme. Les auteurs du siècle passé font souvent allusion au fait, qu'il y avait vers 1750 moins de paupérisme en Angleterre que dans les autres pays. Il ne paraissait pas invraisemblable que, dans le cours de quelques années, le paupérisme disparût presque entièrement. Le malheur voulut, qu'au lieu de persévérer dans une politique qui avait produit de si excellents fruits, l'opinion commença à prévaloir que, vu la petite quantité de paupérisme, il n'y aurait aucun danger à administrer l'assistance paroissiale dans un esprit un peu plus libéral et plus débonnaire. On abandonna peu à peu les prescriptions sévères de la loi d'Élisabeth : le secours à domicile au lieu d'être découragé, fut directement stimulé par divers actes du Parlement ; une administration relâchée de la loi devint un abus général. Le résultat fut que le paupérisme prit des proportions assez alarmantes pour menacer l'Angleterre, aux environs de 1832, d'une banqueroute nationale et d'une ruine permanente.

Il est évident qu'on se laissa glisser graduellement à modifier la politique primitive, sans se rendre compte le moins du monde des conséquences encourues. Malheureusement la faiblesse et la libéralité dans l'administration de la loi des pauvres, qui furent introduites au milieu du siècle passé, se traduisaient surtout en accordant plus aisément des secours à domicile aux pauvres valides.

En 1767 (7ᵉ année du règne de Georges III), des gardiens furent nommés afin de protéger le pauvre contre la parcimonie des inspecteurs et des autres fonctionnaires de la paroisse. Quinze ans plus tard, la loi connue sous le nom de Gilbert's act, balaya la plupart des précieuses sauvegardes de l'ancienne loi des pauvres. Le *workhouse* ne devait plus être employé à vérifier (test) le paupérisme volontaire, car par cette loi les gens valides n'étaient plus obligés d'y entrer ; les gardiens reçurent l'ordre de trouver, pour tous ceux qui le réclameraient, du travail à proximité de leur habitation et de combler à l'aide des taxes locales, l'insuffisance des salaires. Cette politique fatale fut continuée et arriva au comble en 1815 : la loi désignée sous le nom d'East's Act, supprima le *workhouse test*, imposé sous Georges Iᵉʳ. Après le vote de cette loi, on ne demanda plus à personne, pas même à un travailleur valide, d'entrer dans la maison de travail, et les *justices* (juges de paix) eurent la faculté d'accorder des secours en argent à domicile.

Il ne fut bientôt que trop évident jusqu'à quel

point ce relâchement dans les lois des pauvres avait
démoralisé les classes laborieuses. Non seulement
le pauvre, mais encore son patron se trouvèrent sous
une désastreuse influence. On avait mis en branle
tous les facteurs qui pouvaient pousser au développement du paupérisme. On donnait en quelque sorte
à entendre aux hommes qu'aucun excès d'imprévoyance, de légèreté, de débauche, n'affectait en rien
leur prétention d'être entretenus aux dépens d'autrui. S'ils s'étaient mariés, lorsqu'ils n'avaient pas de
chances raisonnables d'entretenir une famille, on
les traitait comme s'ils avaient accompli un acte mé-
ritoire, car plus ils avaient d'enfants, plus était considérable la somme de secours qu'ils recevaient. Les
enseignements les plus clairs du bon sens furent
complètement mis de côté : on corrompait le travail
pour qu'il restât dans des localités où on n'avait
qu'en faire, et on l'empêchait de se transporter vers
des districts où on le demandait. Ainsi, si dans une
paroisse, les salaires étaient inférieurs à ce qui devait constituer le minimum nécessaire à un entretien
raisonnable, les autorités locales eurent le pouvoir
d'accorder un subside pour suppléer aux salaires.
Ces inconvénients empirèrent par suite de diverses
prescriptions connues sous le nom de « Laws of
Settlment », — lois de domicile, qui eurent pour

but d'empêcher l'ouvrier de quitter la localité où il était né. Le système de secours et la loi de domicile, bien qu'agissant différemment, concoururent à entraver le cours naturel du travail. Quelque grand que fût le surplus de travail, de bras, dans une localité, les ouvriers n'avaient aucun motif de la quitter, aussi longtemps que leurs salaires étaient portés au taux moyen des salaires, par des subsides provenant des taxes locales. Le patron, ne se souciant pas des conséquences ultérieures ou ne les comprenant pas, était intéressé en apparence à conserver autour de lui une abondante provision d'excès de travail; cela produisait un taux peu élevé de salaires, et en réalité il pouvait mettre la main dans les poches des contribuables, des voisins, pour couvrir la différence en faveur de ses ouvriers. La loi du domicile plaçait de si grandes difficultés dans le chemin du travailleur, qui aurait voulu aller d'un district dans un autre, que presque tous les hommes étaient contraints de chercher de l'occupation seulement dans leur lieu de naissance. Peu de mesures législatives ont produit des maux plus étendus. Adam Smith dit que de son temps, il n'y avait pour ainsi dire pas d'ouvrier âgé de 45 ans qui, à un moment ou à un autre de sa vie, n'eût souffert lamentablement de l'effet de la *Law of Settlement.*

Par l'action combinée de toutes ces influences délétères, une démoralisation alarmante se produisit.
L'enquête de la Commission royale, nommée en
1832, pour examiner le Poor law, fit éclater au grand
jour jusqu'à quel degré les ouvriers et les patrons
en avaient été atteints. Parmi les commissaires, il y
eut quelques *leading public men*, et l'on semble avoir
pris toutes les mesures pour rendre l'enquête aussi
exacte et aussi minutieuse que possible. Des commissaires adjoints furent nommés non seulement
pour visiter personnellement les différentes parties
de l'Angleterre, pour recueillir des dépositions, mais
encore on les envoya à l'étranger pour étudier les divers systèmes d'assistance publique. On eut à lutter
contre l'opposition fort vive de tous ceux qui se
croyaient intéressés au maintien d'anciens abus, —
en 1834 une loi fut votée, qui est restée en vigueur
jusqu'à présent, sans grandes modifications. Cet
acte est connu d'ordinaire comme la nouvelle loi des
pauvres. Avant d'en rappeler les points les plus importants, il n'est pas inutile de mentionner quelques-
uns des faits dévoilés par la Commission de 1832.
Des faits précis, spéciaux, vinrent corroborer toutes
les objections générales, qui avaient été soulevées
contre le relâchement dans l'administration de la loi
des pauvres et contre l'effet de ce relâchement sur

le paupérisme volontaire. Dans quelques districts, on avait accordé des secours à domicile aux gens valides sur une échelle si libérale, que le paupérisme était devenu une occupation des plus lucratives. L'un des commissaires adjoints qui visita Eastbourne trouva que les pauvres qui travaillaient recevaient 16 shellings (20 fr.) par semaine, tandis que la moyenne des salaires dans le district n'était que de 12 shellings (15 fr.). L'infériorité de la condition pécuniaire des ouvriers indépendants était si notoire, que ce même commissaire entendit deux femmes se plaindre de ce que leurs maris n'amélioreraient pas leur situation en devenant des pauvres paupérisant. Dans le Devonshire et dans d'autres parties de l'Angleterre, on accordait une subvention si considérable pour chaque nouvel enfant, que plus la famille d'un homme était nombreuse, plus sa condition s'améliorait : c'était un stimulant artificiel à l'accroissement de la population. Les habitudes d'imprévoyance qui avaient été encouragées, avaient produit des maux qu'on ne put écarter d'un coup. Un père ne saurait être imprévoyant sans enseigner l'imprévoyance à ses enfants. De plus, là où il y a excès de population, le travailleur n'obtient qu'un minimum de rémunération pour son travail ; en d'autres termes, il reçoit seulement le salaire nécessaire à l'existence (subsistence wages). Il n'y a donc pas lieu de s'étonner que, dans beaucoup de localités où les abus de l'ancienne loi des pauvres ont été les plus avancés, l'offre de travail soit encore aujourd'hui en excès de la demande, si bien que des ouvriers agricoles n'ont souvent reçu que 9 à 10 shellings par semaine, et aujourd'hui encore obtiennent seulement 12 shellings. D'autres influences d'une espèce encore plus démoralisatrice furent mises en jeu, avec l'effet de stimuler l'accroissement de la population. Une femme recevait de la paroisse un revenu plus considérable pour un enfant illégitime que pour un enfant légitime. Les pères d'enfants illégitimes étaient encouragés dans une vie de débauche, en étant délivrés de toute obligation pécuniaire de pourvoir à leur entretien. Peut-on être surpris, si un pareil système nous a légué un héritage de vice et de pauvreté?

Ce sujet présente des aspects mélancoliques, de quelque côté qu'on l'envisage. Le paupérisme fut considéré parfois comme une profession lucrative, qui fut exercée par des générations successives de la même famille. Les commissaires de 1832 nous parlent de trois générations de la même famille obtenant simultanément des secours, — le montant des sommes qu'elles tiraient de la paroisse dépassait

100 livres (2,500 francs) par an. Les autorités locales avaient l'obligation de trouver de l'ouvrage, à un salaire rémunérateur, pour tous leurs pauvres ; par une conséquence naturelle, il se répandit le sentiment que le paupérisme n'était pas une honte, que le secours obtenu de la paroisse était la propriété légitime de ceux qui le recevaient aussi bien que le salaire de l'industrie ordinaire. La paresse était directement encouragée ; il s'ensuivit un esprit de licence et de mécontentement. 1832 fut une année d'abondance, le pain et les autres provisions furent bon marché, cependant à cette époque bien des districts ruraux furent dans un état de perturbation. Des émeutes et des incendies criminels furent nombreux. Les membres de la Commission d'enquête fournirent la preuve que ces explosions de mécontentement populaire étaient les plus fréquentes dans les localités où la loi des pauvres avait été administrée avec le plus de relâchement. Le coût des pauvres alla en augmentant sans cesse. Les taxes grandirent si rapidement, qu'on eut la certitude qu'elles absorberaient bientôt le fonds tout entier dont elles étaient tirées. Dans certains districts, les taxes absorbaient plus qu'il ne restait du produit du sol, après paiement des frais de culture. Les commissaires nous disent que beaucoup de fermes furent abandonnées,

de grands espaces de terre laissés en friche. Dans
une paroisse, celle de Cholesbury, la terre fut offerte
aux pauvres assemblés; ils la refusèrent, sous prétexte qu'ils préféraient continuer leur existence, sous
l'ancien système. Un cas semblable paraîtrait in-
croyable, s'il n'était confirmé par beaucoup de témoignages analogues. Les commissaires constatèrent
qu'un gentleman, qui cultivait son propre domaine
d'environ 500 acres à Shelford, près de Cambridge,
payait par an 250 livres (6,250 fr.) pour sa quote-
part de taxe des pauvres. Comme loyer, la terre représentait une valeur d'environ 1 £ par acre ; la taxe
absorbait la moitié de la somme pour laquelle on
aurait pu louer la ferme. Si grande que fût la charge
ainsi imposée, elle ne représentait en aucune façon
le fardeau entier du paupérisme. A Shelford comme
dans beaucoup d'autres endroits, on avait la coutume de répartir les pauvres valides entre plusieurs
fermiers ; chaque fermier était contraint d'employer
un nombre de pauvres en rapport avec la grandeur
de son exploitation, qu'il eût besoin de leur travail
ou non. Le propriétaire dont nous avons parlé plus
haut, prouva qu'une grande portion du travail ainsi
octroyé n'avait aucune valeur pour lui, bien plus cela
lui imposait une perte de 100 £ (2,500 fr.) par an.
Le paupérisme coûtait donc en tout 350 £ par an

(8,750 fr.) à une ferme de 500 acres. Si les taxes avaient continué leur marche ascendante pendant quelques années, il est évident que cette somme de 350 £ par an aurait vite dépassé 500 £, revenu total du domaine; cela aurait représenté un loyer plus considérable que celui que la terre pouvait donner, et il ne serait pas resté d'autre alternative que de cesser de cultiver. Ce n'est pas un cas isolé, — au contraire c'est un type de cas nombreux; on a la preuve que l'Angleterre à cette époque (1832) était menacée de la ruine.

On a vu qu'un impôt onéreux avait été infligé aux patrons en leur répartissant une certaine dose de travail pauvre. Ce n'était pas de beaucoup le pire inconvénient du système. Les fermiers étaient tellement surchargés de travailleurs indigents qu'afin de faire de la place pour ceux-ci, ils étaient parfois obligés de renvoyer de bons ouvriers. Un fermier près de Royston, dit aux membres de la Commission qu'il avait fait de grands efforts pour garder deux excellents ouvriers, qui avaient pendant longtemps été à son service; à la fin il fut contraint de les congédier parce qu'on lui avait imposé trop de laboureurs indigents. Quant aux deux indigents qui avaient pris la place des deux bons ouvriers, l'un était un voleur redouté, l'autre un ivrogne de profession. Même si on ne leur payait pas de salaires élevés, le travail des pauvres était fort coûteux : les pauvres travaillaient à contre-cœur, ils étaient maladroits, sans éducation préalable ; on devait les faire travailler par escouades, afin de pouvoir les surveiller plus facilement. En réalité le travail du pauvre avait presque tous les inconvénients économiques du travail de l'esclave. Ce tableau douloureux d'ignorance, de folie et d'injustice, de démoralisation et de dégradation n'a pas épuisé le sujet ; il suffit à expliquer la nature des principaux abus qui exigeaient une réforme, au moment où fut passée la nouvelle loi des pauvres. En expliquant les principales clauses de la loi et en examinant quels en ont été les effets, nous montrerons sous quel rapport elle a réussi et sous quel rapport elle a échoué. Cette explication permettra au lecteur d'apprécier quelles réformes sont encore nécessaires.

Nous avons insisté sur les inconvénients qui ont marqué l'administration de l'ancienne loi des pauvres, parce qu'il peut arriver à tout moment qu'on désire débarrasser la nouvelle loi de ce que beaucoup de personnes considèrent comme ses côtés les plus durs. En le faisant on ramènerait une foule de dangers inhérents à l'ancien système. La connaissance du passé a de plus l'avantage de faire mieux comprendre la nature des changements introduits par la nouvelle loi des pauvres.

J'ai déjà fait remarquer qu'il n'y a pas de différence de principe entre la loi des pauvres de 1601 et la nouvelle loi de 1834. Le relâchement graduel de toutes les restrictions salutaires contre le paupérisme volontaire, contenues dans la loi d'Élisabeth, et une foule d'abus qui s'étaient glissés dans l'administration, rendait une nouvelle législation absolument nécessaire. La nouvelle loi rétablit le *workhouse test*, supprima les secours accordés pour compléter les salaires, pourvut à la nomination d'inspecteurs payés et garantit un contrôle officiel des comptes. Jusqu'à un certain point l'on mit une entrave aux naissances illégitimes, en rendant le père responsable de l'entretien de l'enfant, au lieu de récompenser la mère et de débarrasser le père de toute obligation pécuniaire comme c'était le cas sous l'ancien système. La loi de domicile fut rendue moins lourde pour le travailleur : jadis il était facile d'obtenir un *settlement* dans une paroisse par occupation ou par résidence ; on le rendit plus difficile. Il y eut donc moins de raisons d'empêcher de nouveaux venus de se loger dans la paroisse, et la migration du travail fut moins entravée. Le progrès le plus sérieux accompli par le *New Poor Law* peut être attribué aux restrictions de plus en plus rigoureuses, imposées aux pauvres en état de travailler. Le système de secours, avec son cortège d'abus, qui était aboli, avait encouragé directement le paupérisme volontaire. Le *workhouse test* (l'entrée dans le workhouse rendue condition préalable de l'assistance) fournit une barrière des plus salutaires; le plus grand bien possible en serait résulté, si on avait rendu obligatoire pour les autorités locales, d'appliquer ce *test* à tous les pauvres valides.

La loi de 1834 fut suivie en 1838 d'une loi des pauvres pour l'Irlande et deux ou trois ans plus tard d'une loi pour l'Écosse. Les prescriptions contre le secours à domicile furent plus sévères pour l'Irlande que pour l'Angleterre, parce qu'on n'accordait aucun secours à domicile aux pauvres valides. La loi écossaise ne permet pas non plus le secours à domicile aux indigents en état de travailler, — cependant sur beaucoup de points elle n'impose pas les mêmes restrictions sur le paupérisme que celles qui sont en vigueur en Irlande. Le caractère du peuple irlandais, les circonstances générales de l'*île-sœur* auraient pu naturellement faire supposer qu'il y aurait plus de paupérisme en Irlande qu'en Angleterre ou en Écosse : c'est le contraire qui est arrivé. Le système de *Poor law* est resté sans modification dans ses traits essentiels, depuis l'introduction de la nouvelle loi en 1834. Le seul changement important a été adopté en 1865 (*Union chargeability act*) qui a fait de l'Union, non de la paroisse, la surface à taxer (*area of rating*). Le principe d'agrandir le territoire imposable a été étendu davantage encore, en ce qui concerne Londres, par le *Metropolitan poor act* de 1870. Celui-ci fit pour la première fois une distinction entre les *areas of chargeability* pour les pauvres secourus à domicile et ceux secourus dans le workhouse. Les dépenses d'entretien des pauvres secourus à domicile incombent à l'Union, celles des pauvres enfermés dans la maison de travail ont une charge métropolitaine. Cette loi a eu pour effet de décourager l'*out door relief*, et la grande diminution dans le paupérisme à domicile à Londres est probablement due pour une part considérable à sa mise en vigueur. Pendant les années 1875-1876, marquées par une dépression commerciale, le paupérisme de la capitale a baissé de 96,071 individus à 79,816.

Les chiffres publiés pour la première semaine de juin 1882 montrent qu'à cette date le nombre de personnes assistées à Londres était de 87,222, dont 48,904 in-door et 38,318 out-door. La légère augmentation depuis 1875 est plus que contrebalancée par le grand accroissement de population, qui entre les deux recensements de 1871 et 1881, s'élève pour Londres à 22 0/0. La qualité de l'administration varie suivant les unions. La paroisse de Whitechapel est une des mieux administrées. Le 1er janvier 1881, sur une population de 71,350, il y avait seulement 440 pauvres secourus à domicile, tandis que 1,497 étaient dans le workhouse.

Une des causes qui ont favorisé l'extension indue du secours à domicile, c'est qu'on le supposé être meilleur marché que l'assistance à l'intérieur du workhouse. Bien qu'il soit probable que le secours à domicile, par l'encouragement qu'il offre au paupérisme, soit bien plus coûteux que l'*in-door relief*, cependant on ne saurait nier que le coût immédiat résultant de l'entretien d'un pauvre assisté à domicile ne dépasse souvent pas la moitié de la somme qui serait nécessaire, si on l'obligeait à entrer au workhouse. Le motif qui s'offre ainsi aux gardiens de préférer *out-door* à *in-door relief*, cesse d'opérer si, comme c'est le cas pour Londres, le fardeau du secours à domicile est supporté par chaque union, tandis que les habitants d'un grand district, situé en dehors de l'union, doivent contribuer leur quote-part pour l'entretien des pauvres dans le workhouse. Il n'est pas douteux qu'un grand pas serait fait pour diminuer le paupérisme, en décourageant le secours

à domicile, si le principe du *metropolitan poor act*
était étendu à toute l'Angleterre. On pourrait par
exemple s'arranger pour que les frais du secours à
domicile fussent supportés par chaque union, tandis
que le coût du workhouse incomberait à la taxe du
comté.

La diminution remarquable de paupérisme dans
la capitale est due sans doute en partie à une meilleurs administration : le paupérisme secouru à domicile a diminué considérablement dans beaucoup
d'autres localités que Londres, et comme nous l'avons
relevé plus haut, le système d'introduire une différence dans les *areas of chargeability* pour les pauvres
entretenus dans le *workhouse* et le pauvre secouru à
domicile n'a encore été appliqué qu'à Londres. Il
semblerait que le facteur le plus important pour déterminer la somme de paupérisme, c'est le degré de
tolérance permis dans le secours à domicile. Comme
nous l'avons dit, de plus grandes restrictions pesaient
sur l'octroi de secours à domicile en Irlande qu'en
Angleterre. La condition générale de l'Irlande est de
nature à faire croire que le paupérisme doive y être
plus étendu qu'en Angleterre ou qu'en Écosse, cependant il n'en est pas ainsi. En prenant la moyenne
des dix dernières années, on trouve que 1 sur 57 habitants reçoit en Irlande le secours de la paroisse,

tandis qu'en Angleterre, c'est 1 sur 33, en Écosse,
1 sur 36.

Il est certain que depuis dix ans la loi des pauvres
a été appliquée dans la Grande-Bretagne, en ce qui
touche le secours à domicile, avec plus de rigueur
qu'auparavant; le résultat de cette rigueur est une
diminution considérable dans le nombre des indigents. De 1850 à 1870, il y eut une période de
prospérité industrielle, malgré cela le paupérisme
augmente. En 1873 cette prospérité reçut un coup,
et pendant les années qui suivent, il y eut une grande
dépression dans l'agriculture et la plupart des autres
branches d'industrie. Il se peut que les difficultés et
les pertes encourues durant cette période amenèrent
à reconnaître davantage l'importance d'une administration soigneuse de la loi des pauvres. Que cette
explication soit juste ou non, le fait n'en subsiste pas
moins, que durant cette période on a été bien plus
parcimonieux dans la distribution de secours à domicile qu'auparavant. Aussi, malgré l'accroissement
constant de la population, le nombre de personnes
assistées dans la Grande-Bretagne a été au 1er janvier 1882 de : 895,401 contre 1,200,000 au 1er janvier 1871, soit une diminution de 304,599. Pendant
la même période, le paupérisme en Irlande présente
un contraste complet avec ce qui se passe en Angle-

terre. La population de l'Irlande a diminué, la rigueur dans l'administration du secours à domicile, qui distinguait jadis l'*Irisk Poor Law*, a été relâchée, et il y a une augmentation dans le nombre des indigents, qui montent de 74,000 à 112,000 personnes.

On a laissé une latitude considérable aux gardiens des pauvres, pour juger jusqu'à quel point on pouvait donner des secours à domicile et le résultat de cette liberté d'action éclate dans la différence de paupérisme, suivant les localités. En général, il y a bien plus de secours à domicile dans les districts ruraux de l'Angleterre que dans les villes, et le nombre des indigents dans les campagnes dépasse d'ordinaire beaucoup celui qui existe dans les villes. Prenons la situation au 1ᵉʳ janvier 1883 : par exemple à Linton, une union rurale du Cambridgeshire, sur une population de 13,014 personnes, 144 étaient assistées dans le workhouse, 900 recevaient des secours à domicile : cela fait un pauvre par 13 habitants. A Preston, avec une population de 129,155, il y avait seulement 880 pauvres dans le workhouse et 729 indigents assistés à domicile, — soit 1 sur 80. Dans l'union d'Atcham, qui comprend la ville de Shrewsbury, le nombre de personnes secourues sur une population de 48,640, était de 602, soit 1 sur 80; de ces 602, 413 étaient *in-door paupers* et seulement 189 assistés à domicile. De ces 189, seulement 4 étaient des adultes valides (2 hommes et 2 femmes), — le reste était composé d'infirmes, d'enfants ou de fous. La réforme dans l'administration de la loi des pauvres, dans cette union, est due au travail incessant de feu Sir B. Leighton. Les leçons qu'il a si bien inculquées, relativement à la nécessité d'apporter un soin extrême dans la distribution du secours à domicile, font de l'union d'Atcham une des mieux administrées d'Angleterre. Cette différence si remarquable dans la pauvreté des villes et des campagnes, est due certainement à une plus grande pauvreté des populations agricoles. Mais si l'on examine le paupérisme dans des localités où la condition des habitants est identique, on voit que le paupérisme est encouragé dans une forte proportion par une application relâchée du secours à domicile. Il est difficile de trouver deux villes qui se ressemblent davantage, en ce qui concerne la condition générale des habitants, qu'Oxford et que Cambridge. Chacune est le siège d'une université, chacune le centre d'un vaste district agricole. Dans le Poor Law Union d'Oxford, avec une population de 21,900 habitants, il y a 323 *in-door paupers* et 220 assistés à domicile, cela fait 2.48 0/0 de la population. A Cambridge, qui compte 35,372 personnes, il y a 203 in-door et 1,556 out-door, ensemble 4.97 0/0

10.

de la population. En comparant ces deux unions il semble qu'à Cambridge, où le paupérisme est relativement plus grand qu'à Oxford, l'assistance à domicile est accordée avec une profusion telle que le nombre des pauvres assistés à domicile dépasse celui des pauvres du workhouse de plus de 600 0/0, — à Oxford au contraire, les pauvres *in-door* sont de 40 0/0 plus nombreux que les autres.

Il ne pourrait y avoir de plus grand malheur que de retomber dans une administration relâchée de la loi des pauvres, et que d'accorder avec prodigalité le secours à domicile. La pauvreté augmenterait indéfiniment; de toutes parts, on mettrait en jeu des éléments qui déprimeraient la condition du travailleur. Les fardeaux croissants, qu'implique un accroissement de paupérisme, imposeraient une taxe sérieuse sur l'industrie; on ramènerait cet état d'imprévoyance, qui a caractérisé l'existence de l'ancienne loi des pauvres, avec le résultat fatal d'un marché de travail surabondant et une baisse rapide des salaires.

On fait souvent des propositions qui aboutiraient à de semblables conséquences, si on les adoptait. Par exemple on a suggéré l'établissement d'une taxe des pauvres *nationale*; le paupérisme, au lieu d'être une charge locale, devrait être pourvu au moyen de la taxation générale du pays, du moins en partie. Si un pareil arrangement était exécuté, il n'y a pas de doute que les garanties d'une administration soigneuse et économe seraient bien affaiblies. Que les autorités locales aient la faculté de tirer sur le trésor de l'État, et il y aura une lutte pour arracher sa part de l'argent public ; le paupérisme sera tellement stimulé qu'en peu de temps, l'industrie nationale ne pourra plus lutter contre les charges qu'elle aura à supporter. Dans l'intérêt même du pauvre, on ne saurait surveiller avec trop de vigilance l'administration du *Poor law*. Des économistes comme Malthus et Chalmers, se sont prononcés en faveur de l'abolition complète du système. Ils ont pensé apparemment qu'aucun pays ne pouvait encourir sans danger la responsabilité de conférer à chaque individu le droit légal à l'entretien. Je me figure cependant que l'expérience prouve qu'avec une bonne et stricte administration du *Poor law*, l'assistance peut être restreinte aux cas où elle est réellement nécessaire, et que le paupérisme est moins encouragé que ce ne serait le cas, si le pauvre n'avait d'autre ressource qu'une charité faite sans discernement et sans organisation.

Parmi les avantages inhérents à une loi des pauvres, on attribue une grande importance à l'influence qu'exerce l'existence d'une protection définie contre la faim (starvation), en empêchant les sentiments de désespoir et de désespérance de s'emparer des classes les plus pauvres ; ces sentiments étant réprimés en grande partie, grâce aux lois des pauvres, les théories et les projets des socialistes n'ont jamais gagné un grand empire sur les masses en Angleterre. C'est un fait très significatif qu'à l'occasion d'un voyage à Londres, fait par Mlle Louise Michel en 1883, celle-ci, chef reconnu de la section extrême des socialistes français, n'emporta de rien une impression plus favorable que du système anglais de *Poor law*. Après avoir visité le *workhouse* de Lambeth, elle déclara que, si l'indigent en France possédait de semblables institutions qui lui donneraient une protection légale contre la déchéance extrême, beaucoup des griefs les plus sérieux dont elle réclamait le soulagement, disparaîtraient.

En dehors d'une administration intelligente de la loi des pauvres, j'ai indiqué dans les chapitres précédents bien d'autres moyens auxquels on pourrait recourir pour diminuer le paupérisme. On a accordé une grande importance à l'influence que l'éducation nationale a déjà exercée, — aux améliorations dans la tenure du sol, — à l'application plus étendue des principes de coopération et de *co-partnership*. Il est aussi d'un intérêt majeur de ne perdre aucune occasion de mettre à la portée du peuple toutes les facilités possibles pour encourager à l'économie. C'est un fait heureux qu'il y ait eu une diminution marquée dans l'intempérance, accompagnée d'un accroissement correspondant de prévoyance parmi les pauvres. Afin d'indiquer combien les habitudes d'économie se répandent parmi les pauvres, on peut mentionner qu'un sur dix habitants de l'Angleterre est un déposant dans les caisses d'épargnes postales. On peut s'attendre avec confiance qu'à mesure que la prévoyance s'étendra, on développera de nouvelles formes d'économiser. En vertu d'une loi de 1882, il est possible de consacrer la plus petite somme, — depuis un penny (12 centimes) par semaine à l'achat d'une annuité déferrée ou d'une assurance sur la vie. Il est incontestable, suivant moi, que, lorsque le peuple sentira qu'il a à sa portée un moyen absolument sûr de faire prévision pour l'avenir, il arrivera moins souvent que l'assistance de la paroisse soit la seule ressource dans la vieillesse, la seule ressource pour les veuves et les orphelins [1].

---

[1] La loi de 1882 a été mise en vigueur depuis le printemps de 1884. Tout déposant dans une caisse d'épargne a le droit de faire consacrer, — après avoir simplement donné l'ordre par écrit — une partie de son dépôt ou l'intérêt dû sur son dépôt, à l'achat d'une annuité ou d'une police d'assurance sur la vie. Les tableaux mon-

Avant de terminer ce chapitre, je désire attirer l'attention sur l'encouragement au paupérisme, qui provient des difficultés qui sont jetées sur la route des femmes et qui les empêchent de gagner leur existence. Si l'on examine les statistiques des pauvres dans une localité quelconque, on verra qu'une grande partie des adultes valides assistés par les paroisses sont des femmes. J'ai parlé de la quantité considérable de paupérisme à Cambridge. Sur 311 adultes valides assistés à domicile, 230 sont des femmes. Les difficultés que les femmes ont à surmonter pour gagner leur vie sont souvent considérablement augmentées par diverses lois, faites dans l'intention de favoriser leurs intérêts, par exemple la défense d'employer des femmes dans certaines industries,

trent qu'un penny mis ainsi de côté chaque semaine par un garçon de quinze ans, assurent une annuité ou paie de vieillesse, d'environ £2 10 (62.50) par an, à soixante ans. La somme obtenue par une jeune fille, qui met de côté la même somme serait un peu moindre. On a trouvé par expérience que, si l'on veut placer la concession d'annuités sur une base solide financièrement, il est nécessaire de compter un taux un peu plus élevé aux femmes qu'aux hommes. Un penny, économisé chaque semaine à partir de quinze ans, assure une police sur la vie d'environ 12 £ (300 francs). Il y a 7,434 caisses d'épargnes postales disséminées dans le Royaume-Uni. Le nombre des déposants dépasse trois millions de personnes, — les dépôts s'élèvent à 44,500,000 £ un milliard 112 1/2 millions de francs. Il y a 421 caisses d'épargne anciennes (Trustee savings banks) avec 1,552,000 déposants et des dépôts s'élevant à 44 millions 600,000 £ (1 milliard 115 millions de francs).

les restrictions mises à leur emploi et qui réduisent de beaucoup leur chance de trouver du travail. Les *factory acts*, comme on sait, limitent les heures de travail des femmes, des jeunes gens et des enfants dans certaines industries. Cette restriction, en tant qu'elle s'applique aux enfants et aux adolescents, est parfaitement légitime, parce que les enfants ne sont pas en mesure de se protéger eux-mêmes, si la cupidité des parents et des patrons se combine pour les soumettre à tous les inconvénients d'un travail excessif. Intervenir pour régler les heures de travail des adultes ne saurait se justifier par les mêmes raisons, et il faudrait résister énergiquement à toutes les tentatives qu'on voudra faire d'étendre l'application des *factory acts*, concernant les femmes adultes, à celles qui sont employées dans les magasins ou dans l'industrie familiale. Les adultes peuvent obtenir une diminution des heures de travail et des intervalles pour prendre leurs repas et pour se se reposer, sans que l'État soit obligé d'intervenir. Toutes les fois qu'on propose de mettre des restrictions légales ou autres sur l'industrie des femmes, il faut se rappeler que, si l'on ferme une source d'occupation pour les femmes, les autres branches où elles trouvent de l'occupation sont encombrées ; les salaires, bien bas déjà, sont encore plus déprimés.

Ceux qui prennent sur eux de décider quelle besogne est faite pour des femmes et quelle ne l'est pas, oublient trop souvent que n'importe quelle industrie est meilleure que la misère, inévitablement attachée à une vie de paupérisme dépendant. Il y a dans le sort d'une femme des maux pires que ceux inhérents à n'importe quelle industrie honnête. On a fait voir souvent que des femmes n'éprouvent aucun inconvénient de besognes qu'on suppose dégradantes dans leur influence. Personne ne peut nier que la condition des femmes, employées à des travaux agricoles, ne soit des moins satisfaisantes dans une grande partie de l'Angleterre; les salaires sont excessivement petits; elles sont pauvrement et mal habillées; la pression de la pauvreté les pousse aux champs, alors qu'elles devraient s'occuper de leurs devoirs domestiques. Beaucoup de ceux qui ont observé ces maux, désirent que le Parlement interdise d'employer des femmes dans l'agriculture; mais si le travail est exécuté différemment, il est prouvé que les femmes, loin de souffrir aucun inconvénient, ressentent au contraire des avantages, en travaillant dans les champs. M. Henley, un des commissaires-adjoints qui en 1867 ont fait une enquête sur la condition du peuple employé dans l'agriculture, a fait une description fort intéressante de la population rurale du Northumberland. Lorsque l'on compare sa description des travailleurs du Northumberland avec les tableaux lamentables de la condition des paysans dans d'autres districts, il est difficile de croire que les laboureurs du Dorsetshire et du Northumberland soient des habitants d'un même pays. Ceux-ci gagnent de bons salaires, ils vivent bien mais frugalement, le combustible est bon marché, leurs habitations propres et confortables. A de certaines saisons, les femmes de la famille travaillent dans les champs, mais elles n'en négligent pas pour cela leurs devoirs domestiques. Les femmes étant vêtues décemment et commodément, le travail en plein air leur est avantageux, car elles semblent toutes en robuste santé. Le voisinage de l'Écosse paraît avoir imbu ces paysans d'un certain enthousiasme pour l'instruction. Il y a abondance de bonnes écoles, dans lesquelles on laisse les enfants jusqu'à ce qu'ils aient 12 ou 13 ans. Des faits de cette nature devraient nous faire hésiter avant de sanctionner des mesures qui obligeraient les femmes à être plus dépendantes encore qu'elles ne le sont aujourd'hui, de l'assistance de la paroisse.

Note de la page 80.

La société coopérative de vente en gros, dont le siège principal est à Manchester, a célébré le 21e anniversaire de sa fondation. Au mois de septembre 1884, plus de deux mille délégués représentant 300 sociétés affiliées au coopérative Wholesale Society, se sont réunis à Manchester et ont fêté dans un banquet le souvenir de la création d'une institution aussi utile. La société a été fondée par 50 sociétés coopératives qui s'étaient cotisées pour lui faire un capital de 999 livres, qui, au bout de 30 semaines avait été porté à 2,425 livres et turned over 21 fois. Ces 50 sociétés comptaient 17,545 membres. Aujourd'hui 678 sociétés qui comprennent 446,184 membres appartiennent à la combinaison.

Le capital souscrit est de 215,950 livres, dont 195,618 versées. Les actions sont de 5 livres, réparties à raison de 1 par 10 membres de sociétés affiliées.

La société possède des vapeurs, des terrains, des immeubles qui ont coûté 305,988 livres (7,649,700 francs), sur lesquels elle a déjà amorti 74,408 livres. Elle fait aussi des opérations de banque pour les sociétés affiliées et détient de ce chef pour 482,739 livres sterling (12,068,000 francs) de dépôts et avances.

Dans les 21 années, elle a eu un mouvement de vente de 38,600,000 livres, — elle a payé 247,247 livres en intérêts, 356,000 en dividendes. Elle a défalqué 74,333 pour débiteurs insolvables, — contribué 6,000 livres à des institutions de charité.

L'économie directe, obtenue par les membres, a été d'environ 11 1/2 0/0 par comparaison avec les prix qu'ils auraient payés aux détaillants ordinaires.

A la réunion trimestrielle, tenue en septembre 1884, 13 sociétés comprenant 4,777 membres ont demandé à entrer dans le Wholesale Society.

FIN.

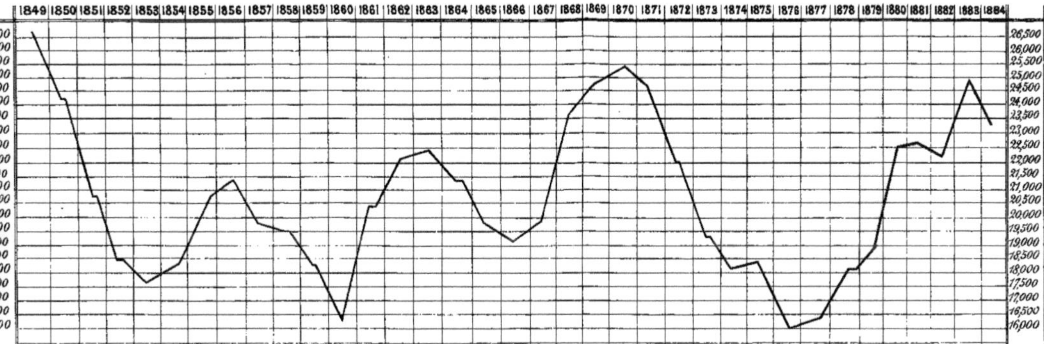

ADULT ABLE-BODIED PAUPERS IN RECEIPT OF RELIEF INDOOR.
IN ENGLAND AND WALES
1849 1850 1851 1852 1853 1854 1855 1856 1857 1858 1859 1860 1861 1862 1863 1864 1865 1866 1867 1868 1869 1870 1871 1872 1873 1874 1875 1876 1877 1878 1879 1880 1881 1882 1883 1884
26,500
26,000
25,500
25,000
24,500
24,000
23,500
23,000
22,500
22,000
21,500
21,000
20,500
20,000
19,500
19,000
18,500
18,000
17,500
17,000
16,500
16,000

TABLE DES MATIÈRES.

CHAPITRE PREMIER.

Comment remédier aux salaires peu élevés.

Faits qui démontrent que la condition de l'ouvrier s'est améliorée depuis quarante ans. Ils contredisent ceux qui soutiennent qu'il n'y a eu aucun progrès de ce côté, tandis que la production de la richesse a grandement augmenté. — La diminution du coût de l'existence permet de traverser plus aisement
une période de crise industrielle. — Une loi pour régler les
salaires serait nuisible ou vaine. Des résultats tout aussi peu
satisfaisants seraient obtenus, si l'on réglait legislativement
la durée d'une journée de travail. — Des associations d'ouvriers, travaillant pour leur propre compte, ont l'occasion de
montrer si des hommes qui souffrent aujourd'hui d'un travail
excessif, pourraient faire autant de besogne s'ils travaillaient
moins d'heures par jour. — L'État ne peut trouver du travail pour tous ceux qui sont sans ouvrage, à moins de
restreindre par une loi la population. — Aucun remède a
des salaires peu élevés ne peut exercer une influence déci-

sive et permanente, s'il n'augmente l'efficacité du travail et s'il n'améliore la condition morale et sociale de l'ouvrier. — L'éducation nationale est non seulement le remède le plus efficace, mais un remède essentiel. — Depuis l'introduction de l'éducation nationale en Angleterre, il y a eu une diminution notable du crime, de l'ivrognerie, du paupérisme. — Explication de la manière dont l'éducation augmente directement l'efficacité du travail. — L'émigration peut être un remède efficace contre des salaires peu élevés. — Avantages résultant du système des *allotments*. — *L'enclosure* de *commons* a fait un tort considérable, non pas seulement aux pauvres, mais au public en général. — La preuve de l'efficacité d'un moyen destiné à améliorer la condition des pauvres est celle-ci : Ce moyen tendra-t-il à ce que les pauvres en dernier lieu comptent davantage sur eux-mêmes? . . 1

CHAPITRE II.

Les « Trade Unions, » les Grèves, et le « Co-Partnership. »

Explication des fonctions d'une *trade union*. — Les *trade unions* produisent le plus grand effet sur les salaires, si elles limitent le nombre d'ouvriers employés dans un métier ou dans une branche d'industrie. — On essaie de le faire en limitant le nombre des apprentis. — De telles restrictions, si on les met en œuvre, infligent une grande injustice à la classe ouvrière; elles font hausser le prix des marchandises et peuvent mettre en péril l'existence d'une industrie. — Les *trade unions* ne sont pas nécessairement liées aux grèves. — Les ouvriers ont le droit de s'associer et de se joindre à une grève, à condition de n'user ni d'intimidation ni de violence pour soutenir leur combinaison. — La majorité des ouvriers intelligents sont en faveur des *trade unions*. Effets des *trade unions* sur les salaires. Elles resteraient sans influence si l'effet de la concurrence était instantané; mais la concurrence agit lentement, et dans quelques cas, comme pour les salaires des ouvriers agricoles, elle

CHAPITRE III.

Coopération.

CHAPITRE IV.

Le socialisme d'État et la nationalisation de la terre.

CHAPITRE V.

Poor law (loi des pauvres) et son influence sur le paupérisme.

Historique de la législation. — Lois rigoureuses contre le vagabondage et la mendicité sous le règne de Richard III. — Nécessité d'une législation nouvelle sous Henri VIII à la suite de la suppression des monastères, qui avaient été des centres d'aumônes. Diverses lois pour essayer de distinguer entre le paupérisme volontaire et la pauvreté involontaire, et pour contrôler la charité privée. — L'expérience recueillie mène à la loi des pauvres d'Élisabeth en 1601, qui établit définitivement pour la première fois le droit de toute personne destituée de tout à recevoir des secours et en même temps prend des précautions contre le paupérisme volontaire. — La loi d'Élisabeth continue à exister sans modifications, à l'exception de lois qui en renforcent le principe, comme l'introduction du *workhouse test* en 1723, jusqu'au milieu du xviiie siècle. — Le paupérisme était à cette époque si insignifiant, qu'il semble qu'on ait cru inutile de maintenir la sévérité de la loi d'Élisabeth. — On abandonne le *workhouse test*. Lois de 1782 et de 1815 qui suppriment presque toutes les entraves qui pesaient sur le paupérisme volontaire. — Conséquences de ce relâchement; l'encouragement à l'immoralité, à la prodigalité; l'Angleterre est tout près d'une banqueroute nationale. — Les taxes menacent d'absorber plus que la valeur entière du sol. — Le paupérisme devient une profession plus lucrative que le travail honnête. — Cet état de choses désastreux conduit à nommer la Commission d'enquête de 1832 et à faire la loi nouvelle des pauvres, qui rétablit presque toutes les restrictions d'Élisabeth contre le paupérisme volontaire. — Une comparaison des lois d'Angleterre, d'Irlande et d'Écosse prouve que la somme de paupérisme dépend en grande partie des restrictions placées sur les distributions des secours à domicile. — Bien que le paupérisme ait dimi-

FIN DE LA TABLE DES MATIÈRES.

Saint-Denis. — Imp. CH LAMBERT, 17, rue de Paris.

LIBRAIRIE GUILLAUMIN ET Ce, RUE RICHELIEU, 14.

DERNIÈRES PUBLICATIONS

Annuaire de l'économie politique et de la statistique, par MM. GUIL-
LAUMIN, Joseph GARNIER et Maurice BLOCK; 1884, par M. Maurice BLOCK,
membre de l'Institut. 1 vol. in-18. Prix. . . . . 9 fr.

Les Associations coopératives en France et à l'étranger, par M. HU-
BERT-VALLEROUX, docteur en droit. 1 vol. in-8. Prix. . . . . 8 fr.

Les devoirs respectifs des classes de la Société, par GRAHAM SUMNER,
traduit par M. COURCELLE-SENEUIL. 1 vol. in-32. Prix. . . . . . . 2 fr. 50

Le collectivisme, examen critique du nouveau socialisme, par M. Paul
LEROY-BEAULIEU, membre de l'Institut. 1 vol. in-8. Prix. . . . . . . 8 fr.

De l'organisation des marchés financiers en France et à l'étranger,
par Alfred NEYMARCK. Brochure in-8. Prix. . . . . 2 fr.

Les classes ouvrières en Europe. Études sur leur situation matérielle et
morale, par René LAVOLLÉE. Deuxième édition revue et complétée d'après
les documents les plus récents. 2e éd., 2 vol. grand in-8. Prix. . . 20 fr.

L'Impôt sur le revenu. Législation comparée et économie politique, par
M. Joseph CHAILLEY, docteur en droit, avocat à la cour d'appel de Paris.
1 vol. in-8. Prix. . . . . 8 fr.

L'Évolution politique et la Révolution, par M. G. DE MOLINARI, membre
correspondant de l'Institut. 1 vol. in-8. Prix. . . . . 7 fr. 50.

Premières notions d'économie politique, sociale ou industrielle,
par Joseph GARNIER, membre de l'Institut, suivies de *Ce qu'on voit et ce
qu'on ne voit pas,* par Frédéric BASTIAT. — *La Science du Bonhomme
Richard,* par Benjamin FRANKLIN. 6e éd., 1 vol. in-18. Prix. . . 2 fr. 50

Dix jours dans la Haute Italie, par M. Léon SAY, membre de l'Institut. Brochure in-8. Prix. 2 fr. 50.

Manuel de droit maritime international, par F. PERELS, conseiller intime
d'amirauté, etc., traduit de l'allemand et augmenté de quelques documents, par M. ARENDT, directeur au ministère des affaires étrangères de
Belgique. 1 vol. in-8. Prix. . . . . 8 fr.

Lectures choisies d'Économie politique, précédées d'une préface et
accompagnées de notes, par M. H. BAUDRILLART, membre de l'Institut.
1 vol. Prix. . . . . 3 fr. 50

Traité de la science des Finances, par M. Paul LEROY-BEAULIEU,
membre de l'Institut. Troisième édition. 2 vol. in-8. Prix. . . . . 25 fr.

L'administration de la ville de Paris et du département de la Seine,
par MM. Maurice BLOCK, membre de l'Institut, et de PONTICH. 1 vol. in-8.
Prix. . . . . 15 fr.

Saint-Denis. — Imp. CH. LAMBERT, 17, rue de Paris.

www.ingramcontent.com/pod-product-compliance
Ingram Content Group UK Ltd.
Pitfield, Milton Keynes, MK11 3LW, UK
UKHW021510090726
13657UKWH00001B/141

9 782019 717049